LA NIÑA DE LA MANOLI

JUANDE IBÁÑEZ Y ROCÍO NIEBLA

Platero

COOLBOOKS

Título: La niña de la Manoli

Primera edición: febrero, 2024

Segunda edición: abril, 2024

Tercera edición: marzo, 2025

© 2024, del texto Juande Ibáñez y Rocío Niebla.

© 2024, de la ilustración de portada @icsomrodriguez.

© 2024, de la edición, maquetación y diseño Platero CoolBooks.

© Platero Editorial S.L.

Glorieta Fernando Quiñones s/n .

Edif. Centris, planta 2, módulo 10. 41940 Tomares (Sevilla)

info@plateroeditorial.es

www.plateroeditorial.es

Diseño de cubierta: Platero Coolbooks.

Printed in Spain-Impreso en España

Depósito legal: SE 1147-2024

ISBN: 978-84-10062-37-5

A ti, mamá. Deseando que en todas las vidas
y universos nos encontremos.

A mis hijos, Lucas y Jimena, mis mayores tesoros.

PRÓLOGO

Cuando mi sobrina me dice que su amiga Rocío quiere que escriba el prólogo de su libro me invade la emoción y la admiración por Rocío, seguida de sorpresa. ¿Yo el prólogo?, ¿por qué yo? Y siendo consciente de que en mi vida he hecho tal cosa y de que no tengo ni idea de cómo se hace, acepto la propuesta, en parte por intuición y en parte por ser tan atrevida de lanzarme al agua sin saber nadar, aunque sabía que pondría ilusión y pasión a la hora de hacerlo. Yo conocía a Rocío de haber coincidido en algunas ocasiones con la reunión de mi sobrina en Sevilla, pero en verdad nunca llegué a entablar conversación personalmente con ella.

Después de leer *La niña de la Manoli*, escrita por Juande Ibáñez, tengo la sensación de conocer a la Rocío niña. Siento un inmenso cariño hacia ella y un gran deseo de conocer a la Rocío mujer que es hoy.

Cuando recibo el texto, empiezo a leer y la primera línea me impacta. Continúo leyendo y ya en la primera página me engancha la historia sin poder dejar de leer, hasta el punto de seguir la lectura durante la cena y tener que calentar en dos ocasiones los chícharos con huevo porque se me enfriaban al estar absorta en la novela.

A mí leer no me resulta fácil, debido a que me cuesta concentrarme. Mi déficit de atención me hace volver atrás varias veces para releer y enterarme bien de lo que he leído.

En cambio, en este caso, donde Juande Ibáñez nos relata la historia de *La niña de la Manoli*, no he tenido la necesidad de releer nada. Aunque sí confieso que, una vez terminada la novela, he tenido que repasar algunos capítulos porque quería tener claro los parentescos de los personajes, la edad que tenía Rocío en cada momento y también porque deseaba volver a sentir ese abanico de emociones que me han aflorado a lo largo de la novela. He llorado, sí, he llorado varias veces. He sonreído también, he sentido miedo y frustración, comprensión, impotencia, ternura… Sentimientos y emociones que te van envolviendo a lo largo de los veinte capítulos.

Rocío nos cuenta que no ha tenido una infancia fácil, para nada, pero yo pienso que su poderosa inteligencia emocional le ha permitido ser una superviviente en este complejo entramado de relaciones familiares, en un barrio de La Macarena en la Sevilla de los años 80-90 con la heroína haciendo estragos y haciéndose con la voluntad de tantas personas, como el caso de Manoli, su madre. Una víctima más del momento, como tantos y tantas amigas y conocidas de nuestro entorno, atrapadas por las garras de la droga, que atacaba sin piedad y sin importarle el nivel social, económico y cultural de la persona.

En este caso veo a una niña muy intuitiva, con una gran capacidad para comprender las intenciones, motivaciones y deseos de los demás, así como de apreciar sus propios sentimientos, deseos y temores, que le permitió librar una batalla constante de supervivencia, una carrera de obstáculos día a día, obstáculos de necesidades tan primarias como la alimentación, la higiene, la protección, y teniendo que esquivar los múltiples peligros que acechan a una niña que pasa mucho tiempo sola en la casa y en la calle.

Pero yo creo que el poderoso motor de su vida cuando era pequeña, el que le ayudaba a vencer los cientos de situaciones límites que tenía que superar cada día para sobrevivir, ese motor era el incondicional amor a su madre y el deseo de no separarse nunca de ella, a pesar de que esta no le pudo dar la mejor vida (las drogas tuvieron gran parte de culpa).

Rocío quería tanto a su madre que el tiempo que estuviese con ella, mucho o poco, le daba la seguridad, no física, pero sí emocional, para sobrevivir.

Cuando le pregunto por los recuerdos sensoriales de su infancia, me llama la atención que, aparte de la sensación de suavidad de los pelos de su querida e inseparable perra Susi, todos los demás recuerdos estén íntimamente relacionados con su madre. Esto nos hace pensar en la intensidad con la que Rocío vivía el tiempo que compartía con ella.

Hay un detalle que dice mucho de la relación madre-hija, y es que, cada vez que su madre le quiere decir algo importante, lo hace agachándose y hablándole a la altura de sus ojos y eso, independientemente del contenido del mensaje, debía hacer sentirse a Rocío atendida, querida y escuchada, aunque fuera en esos mínimos momentos. Manoli sacaba las garras de leona para defender a su cachorra siempre, siempre que estaba, claro. Pero es que Rocío protegía a su madre siempre, siempre.

¿Por qué cuenta Rocío su infancia? Porque nunca había contado nada. Porque ella contaba otra historia más cómoda y fácil de contar. Porque le costaba contar la verdad, quizás por miedo a ser rechazada o a no ser comprendida.

Hasta que un día va con su marido a casa de Juande Ibáñez, porque éste había escrito su novela *Jamelgo*, y, hablando con él, entre bromas, le dijo: «pues el próximo libro que escribas tiene que ser el mío». Rocío le contó solo una anécdota de su infancia, pero fue suficiente para despertar el interés del escritor, quien se interesó por su historia, y esa fue la llave que abrió la caja de los recuerdos de la niña de la Manoli, la cual iba evocando momentos mientras Juande Ibáñez los iba recopilando y organizando cronológicamente, desde los 4 años hasta los 12, para presentárnoslo ahora en forma de novela, llevándonos a una reflexión constante sobre temas de ahora y de siempre, como son las relaciones familiares y las relaciones, en general, entre diferentes grupos sociales: el vecindario, el internado, el colegio... temas como el abandono, el amor, las relaciones tóxicas o la soledad se dan cabida en las páginas que estás a punto de leer.

Rocío cuenta su niñez para la gente que la quiere. Que la quiere y acepta sin importarle su pasado, que por fortuna es mucha, y a la que ahora Rocío desea abrirse con su historia en forma de novela contada desde la absoluta verdad.

Ojalá esta historia llegue a todas esas «Rocíos» que aún viven con las sombras de un difícil pasado y puedan descubrir en esta novela un ejemplo de supervivencia y valentía. Ojalá puedan ver en este testimonio que la vida son etapas y que finalmente es posible alcanzar el equilibrio y la armonía.

Aunque la mochila de Rocío estaba cargada de dolor, de rabia, de impotencia, de miedo, también y en las mismas proporciones lo estaba de amor, de empatía, y de una inteligencia emocional que ya dominaba esta niña cuando todavía no se había empezado a hablar de estas cosas.

Puede que Rocío, al relatar su infancia, haya puesto orden a una maraña de recuerdos, y el ordenarlos le haya permitido aceptarlos con la mirada de la mujer y la madre que es en la actualidad. La Rocío de ahora puede haber ayudado a la Rocío niña a contar su historia sin temor, sin complejo, sin culpa, sin rencor, porque la Rocío mujer le dice a la Rocío niña: «Tú no tenías la culpa».

Koki Sánchez,
Maestra de escuela, Actriz y Chirigotera

ÍNDICE

A todos los niños de la Manoli del mundo.

CAPÍTULO 1

¿Cuál es la mejor edad para ver un muerto por primera vez? Mucha gente se enfrenta a esto con quince o dieciséis años y suele derivar en una toma de conciencia de la eterna dualidad entre la vida y la muerte, o de la extrema fragilidad de la existencia. Esas cosas no se piensan con cuatro años, que fue la edad con la que me encontré aquel cadáver estrellado contra el suelo del patio de vecinos en el que vivíamos. Tenía el cráneo hundido por el golpe y tuve que dar un saltito hacia atrás para evitar que el creciente charco de sangre me manchara los pies. Aquel cuerpo horriblemente contorsionado y aquellos ojos que no miraban nada conforman el primer recuerdo del que soy consciente. Para mí, la vida comenzó con aquel muerto, el cual, de una forma u otra, nunca me abandona del todo.

Se trataba de uno de mis vecinos, uno con quien yo tenía mucha y buena relación. No era mi abuelo, pero para mí era como si lo fuera. Siempre era amable conmigo y le gustaba regalarme chucherías. Aquel hombre vivía con su hija en la primera planta del patio de vecinos que todos habitábamos. Nosotras, mi madre y yo, vivíamos en el bajo y desde mi puerta se veía la suya. Me pasaba tardes completas en su casa, merienda incluida, quitándome de un plumazo tanto la soledad como el hambre. Solía asomarme desde mi puerta a mirar si la suya estaba abierta y, si así era, subía. Aunque

15

aquel funesto día fue diferente. Si cierro los ojos aún puedo reproducir en mi mente los golpes y los gritos que salían del piso. Tan fuertes que los escasos cuarenta metros de los que disponía la vivienda apenas los podían contener y acababan escapando por todo el patio. De repente, dos hombres salieron con mi vecino cogido por las axilas. Eran mucho más jóvenes que él. Lo empujaban contra la barandilla que daba al patio interior mientras le gritaban

—¡Que te tiramos! ¡Que te tiramos!

Mi vecino balbuceaba excusas desesperadas en un infructuoso intento de calmar a la pareja de matones. Al final no sé si lo tiraron o se les cayó, pero, en definitiva, mi vecino se precipitó al vacío y se mató. Por la dignidad de su memoria, espero que no se lo cargaran sin querer.

El distrito Macarena de Sevilla siempre había sido una barriada humilde, pero la cosa se agravó con la irrupción de la heroína en la ciudad. Se presentó en la década de los ochenta, aprovechando la situación de frívola confusión del país. Si las epidemias se propagan por el aire, esta lo hizo a través de los nuevos vientos de libertad y del ansia de una transgresión que la juventud del momento no tuvo reparos en meterse directamente en vena.

Años cincuenta

Mis abuelos, que eran inmigrantes extremeños y trabajadores del campo, se mudaron a Sevilla en busca de una vida mejor que la implacable dureza del trabajo de sol a sol. La pareja se instaló en una pequeña casa adosada de la calle Arrayán, que ya era vieja por aquel entonces, con la idea de buscarse algo mejor en cuanto su situación fuese prosperando. Allí tuvieron a sus seis hijos: Salud, Enrique, Manoli, Antonio, Miguel y el Titi. Calma, no hace falta que te los aprendas ahora todos. Solo que mi madre era Manoli, eso sí. De aquellos seis, solo mi tía Salud y el Titi consiguieron mantenerse al margen de las drogas. Poco más puedo decir de aquella época, ya que no había nacido. Solo que mi abuelo sufrió un accidente, mientras pintaba una fachada, que lo dejó postrado en una silla de ruedas. Eso tuvo como consecuencia que en los sesenta empezase a trabajar vendiendo cupones de la ONCE. La ansiada prosperidad nunca llegó.

Años ochenta

Desde que tengo memoria vivo en el treinta y dos de la calle Arrayán, unos números más abajo de la casa de mis abuelos. El bloque en el que vivíamos contaba con tres alturas, bajo, primero y segundo. En cada una de las plantas se amontonaban cuatro viviendas. Doce en total, en una superficie no apta para más de ocho. Eran pisos pequeños de mala calidad, de alquiler social y con una distribución casi idéntica en cada uno de ellos: una sala central a la que se accedía directamente desde la entrada, y donde desembocaban las puertas de una cocina y un baño minúsculos, además de las de dos dormitorios, también pequeños. Todos los apartamentos daban a un patio central de estilo andaluz que, en aquellos años, aún contaba con tiestos de flores. La vecindad estaba compuesta por gente humilde en su totalidad. Casi todos eran inmigrantes. Algunos de algún pueblo de la provincia y otros de más allá del estrecho de Gibraltar. Aunque no eran raros los trapicheos al margen de la ley en el edificio, la cosa ganó varios enteros con la llegada de mi madre, mis tíos y el tráfico constante de heroína y cocaína.

Solo el Titi ayudaba a mi abuela con los cuidados que mi abuelo precisaba, ya que, entre que a él nunca le dio por freírse un huevo y que necesitaba de la silla de ruedas para desplazarse, las atenciones que requería eran muchas. Tal vez por eso mi abuela siempre parecía estar enfadada con todos, incluidos sus hijos, que se apresuraron a abandonar el nido en el momento en que les salieron las plumas de las alas. La primera en lograrlo fue una jovencita tía Salud, agarrada del brazo de mi tito Paco, un prometedor farmacéutico de la ciudad. Salud contaba con la rectitud y la formalidad de ser la hermana mayor. Le encantaba cumplir normas, cuantas más, mejor, y tenía la firme convicción de que el orden absoluto era el mayor valor al que una persona podía aspirar. Nadie más en la familia compartía esto, ni siquiera mis abuelos. Por este motivo, ella puso tanto de su parte en distanciarse de todos. Vestía de manera clásica y tan impecable que me recuerdo a mí misma jugando a intentar encontrarle alguna arruga en su perfumada blusa y perder.

Ella y su marido, Paco, fundaron una cadena de panaderías a la que nombraron con el apellido de él, Pan Calvillo, y les fue muy bien. Tanto que llegó a ser muy fácil cruzarse con alguna de sus furgonetas de reparto dando tumbos a partir de las cinco de la mañana por cualquier barrio de Sevilla. Mi tío Titi trabajaba para la panadería, al igual que en momentos puntuales casi todos los hermanos. Solo mi madre se negó siempre a ocuparse allí.

Mi madre, Enrique y Antonio se mudaron en cuanto pudieron al 32 de la calle Arrayán, e hicieron piña. Sobre todo, mamá con mi tío Antonio, alto y delgado, y con su mujer, mi tita Ángela, la amiga íntima de mamá desde la adolescencia. Antonio tenía mirada de niño brutote y el cabello negro y desordenado. Se parecía mucho a mi madre. En realidad, los tres, incluida mi tía Ángela, se parecían entre sí, como si la complicidad extrema durante años hubiese moldeado sus rostros buscando la equiparación. Es cierto que, poco a poco, mi tía Ángela fue descolgándose del trío, por tener que repartir su tiempo entre la casa y la limpieza de oficinas para criar a sus tres hijos y mis primos. A mi tita Ángela siempre la vi como una fuente inagotable de amor. Amaba a mi madre, a mí y a su familia. Pero sobre todo profesaba un amor casi incondicional hacia mi tío Antonio.

Y cuando digo incondicional, lo hago siendo consciente de que una relación amorosa sana debe apoyarse en la sinceridad, y que de esto era precisamente de lo que adolecía. Y es que ella amaba a su marido, a pesar de las innumerables mentiras diarias a las que la sometía. Incluso le mentía para justificar que le desapareciera dinero del bolso. Discutían mucho por esto, pero, aun así, mi tita no lo abandonaba debido a su forma de amar. Mi tito tampoco la habría dejado nunca a ella.

En el piso de al lado vivía otro hermano de mi madre, Enrique, que al casarse trajo a la familia a la tía Juli, pobrecita. Aunque también solía salir y entrar con sus hermanos, él prefería ir por su cuenta. En realidad, todos lo preferían. Los aires de grandeza con los que trataba a los demás, unidos a su mal carácter, no hacían de él la compañía más agradable. Decían que había salido a mi abuela. Aunque contaba con la delgadez congénita de los Niebla, su rostro no se parecía al de sus hermanos, más fino este, y de rasgos más marcados. Además, se dejaba el bigote, al que cuidaba como a una mascota, y le gustaba llevar el pelo engominado y bien peinado. Era, con diferencia, el que peor genio tenía de todos, cosa que sufría más que nadie su mujer, con la que se le iba la mano más de una vez, y más de dos.

Enrique era el manitas del edificio, título que llevaba con orgullo y para el que es justo reconocer que estaba muy bien dotado. Cada vez que a alguien se le rompía algo, era capaz de encontrar una solución rápida y barata. Se vanagloriaba de ser conocedor supremo de todos los contadores de agua y luz de la Macarena y de saber dónde enganchar y dónde no. Todos nos aprovechamos de eso.

Si mi tía Ángela fue capaz de soportar su vida cargando con un pesado amor dependiente, mi tita Juli aprendió a hacerlo con temor. Cargaba con esta injusta cruz como lo hacía con la sordera total que padecía desde que de niña sufriera unas fiebres de una dureza extrema, las cuales le permitieron vivir, pero se llevaron sus oídos.

Lo mejor de esa casa era sin duda mi primo Enrique. Él era para mí mucho más hermano que cualquiera de los que tuve de verdad, con los que lo único que compartí fue un útero. Era tres años mayor que yo, con lo que para mí se trataba de una especie de protoadulto. Por alguna razón, que no alcanzo a entender, él siempre se sintió responsable de mi bienestar. El verme contenta le suponía más felicidad que cualquier otra cosa.

Mis otros primos, los de Ángela y Antonio, eran más compañeros que protectores. Estos eran tres. Por un lado, Antoñito y Angelita, con los que compartía rango de edad, y por otro, Sergio, que era un bebé. Cualquiera de mis primos ha tenido una niñez dura. Tanto como la mía en casi todo, menos en la soledad. Pero esto no era algo que alguien que nos viese desde fuera pudiera notar. Cuando íbamos por la calle parecíamos unos chiquillos normales trasteando entre risas por la Alameda de Hércules. Los niños son más frágiles que los adultos en cuanto a físico, pero muchísimo más poderosos a la hora de encajar desdichas.

1982, el día en el que nací yo

Hay gente que dice que nacer es el peor trago al que los seres humanos nos enfrentamos en toda nuestra vida. Si esto fuera realmente así, he de reconocer que yo jugaría con cierta ventaja. Mi madre bebía, fumaba y consumía drogas de manera excesiva para una embarazada, incluso para aquella época, y, aun así, nací. Y lo hice antes de lo que me tocaba, con siete meses solo. A veces, imagino que alguien en la naturaleza debió decir:

—Me da igual que aún no esté totalmente formada. Ahí dentro no puede seguir. Sacadla y que sea lo que Dios quiera.

Como cualquier sietemesino, mi cuerpo era de dimensiones muy reducidas. Todo él, excepto la cabeza. Esta lucía un tamaño tal que hacía que los doctores dudaran entre si padecía o no macrocefalia. También tenía la piel tan fina, tan a medio terminar, que se me translucían las venas. Era un bebe transparente. Al principio respiraba de forma asistida y dentro de la incubadora desde donde veía únicamente a las enfermeras. Mi madre no venía mucho, y cuando lo hacía era porque su hermana Salud la obligaba. Le decía:

—Pues me están diciendo en el hospital que a la niña le hace falta leche... así que tienes que ir. Si es que yo no entiendo que te cueste tanto. ¿Tú te crees que es normal que no estés allí plantada todo el día? ¿No te das cuenta de que hoy está viva, pero que no sabemos cómo va a estar mañana?

Mi madre sabía que tenía razón.

Yo creo que ella, al verme así, tan débil, tan desahuciada, tan feílla y tan poquita cosa, se sentiría culpable y por eso no le gustaba venir. En cualquier caso, lo importante es que, aunque solo fuera por llevarle la contraria a los médicos, poco a poco, como una funambulista sobre una cuerda, logré salir adelante.

CAPÍTULO 2

Año 1.985

El día que por primera vez mi madre decidió que lo mejor para mí era que me criara lejos de allí; el día que perdí el poco contacto que tenía con mi padre y el día que también dejé de ver a mi tío Miguel, fueron los tres el mismo día.

Mi madre conoció a mi padre y al padre de mi padre en la calle. Todos consumían y vendían. Él acababa de cumplir condena por matar a otro de un navajazo en una pelea de discoteca, y junto a mi abuelo se buscaban la vida de la única manera que sabían. Mi madre y mi padre nunca fueron una pareja formal, ni se le pidió jamás a mi padre que se ocupase de alguna manera de mí, cosa que agradezco. Solo muy de vez en cuando se pasaba para que yo tuviera noticias de mi familia paterna. Aunque, pensándolo bien, quien aparecía casi siempre era mi abuelo.

Primera semana de septiembre

Aquel día mi padre y mi abuelo se mostraban muy nerviosos. Marchaban con zancadas grandes y rápidas por las aún calurosas aceras de la ciudad, y los transeúntes, al cruzárselos, se apartaban de su camino. Y no era para menos, pues a la actitud desafiante con la que enfilaban la calle Feria, que daba a entender que ellos no iban a ceder el paso a nada ni a nadie, hay que sumar que ambos iban armados.

Papá con un machete de dimensiones tan grandes que parecía espada, y el abuelo con una escopeta de caza de cañón doble. Tan imponente era su imagen que hasta yo misma, al verlos atravesar el portón metálico que suponía el umbral del treinta y dos de la calle Arrayán, me asusté y me refugié en los brazos de mi madre que, aunque también se puso en guardia, se relajó a la vez que se extrañó al comprobar que pasaban por delante de nuestro bajo sin prestarle la menor atención. Se dirigieron al piso de mis tíos Enrique y Julia. Le buscaban a él. Una vez que mi padre golpeó la puerta con la palma de la mano a modo de llamada, le gritó a mi tío:

—¡Enrique!… Enrique, abre, que somos nosotros.

—Eso, abre, que no te vamos a hacer nada —decía mi abuelo, escopeta en mano. Mi tío no abría.

—Enrique, venga. No nos tengas esperando que hace mucho calor aquí fuera.

Mi tío, agazapado en su madriguera, seguía sin mostrar ninguna señal que hiciera pensar que iba a ceder a las pretensiones de mi padre y mi abuelo.

—Venga, Enrique, padre —dijo mi abuelo—, que te queremos enseñar algo que te interesa seguro. Mira, si lo que quiero es venderte esta escopeta. Está tirada de precio. Échale un vistazo que seguro que te la quedas…

—Y yo te vendo este cuchillo también… Vamos, sal… que venimos de buenas.

—Y si no te interesa, pues nos vamos, padre.

—Venga, pero no nos toques mucho los cojones y abre la puerta.

—Que esto te interesa, Enrique.

—Que como me caliente te lo vamos a decir de otra forma.

—Enrique, padre. ¿Tú nos estás oyendo?

—¡Que abras la puta puerta, cojones! —gritó mi padre aporreando la madera—. O te juro que la echo abajo.

—¡Sé un hombre, Enrique, coño!

En el momento en que papá cogía carrerilla para intentar tumbar el tablón, mi tío Miguel accedía al patio vecinal. Había salido al ultramarinos de Nieves a comprar una litrona y volvía a casa de su hermano Enrique, con quien había estado toda la mañana. Mi madre me dijo después que algo debía saber, ya que, al encontrarse a mi padre y a mi abuelo en actitud hostil, y ver la escopeta y el machete gigante, no dudó un segundo y subió corriendo las escaleras para colocarse detrás de mi padre, que no se había percatado aún de su presencia, y golpearle la cabeza con la única arma que portaba, la litrona. Al instante, un charco de cerveza fría y sangre caliente rodeó a mi padre, que se tambaleó unos segundos antes de caer aturdido, pero consciente, al suelo en posición sedente. Mi abuelo se giró y clavó los ojos en mi tío Miguel, que aún mantenía en la mano el cuello roto de la botella que blandía como si fuera un cuchillo. Al instante se dio cuenta de que nada tenía que hacer ante una escopeta de doble cañón y decidió emprender la huida. Además, mi padre se estaba incorporando de nuevo, empapado en plasma y malta. Fue en la planta baja, en medio del patio y frente a mi puerta, donde mi abuelo y mi padre dieron caza a mi tío. Y nunca mejor dicho, ya que mi abuelo le pegó un tiro, desde escasos metros, que acertó a su presa en el centro del pecho y le salió limpio por la espalda. A la detonación siguió un silencio. Mi tío no caía, ante la estupefacción de sus dos agresores. La víctima entonces los miró fijamente con una espuma blanca saliéndole de la boca y la adrenalina rebosándole por los ojos. Aquella mirada, casi desde ultratumba, hizo que fueran ahora mi padre y mi abuelo los que decidieran escapar de allí. Salieron corriendo por el portón, y mi tío Miguel los siguió con el orgullo y la valentía de saberse inmortal. Cayó a los pocos metros de abandonar el treinta y dos. Afortunadamente, consiguió salvar la vida gracias a la intervención de un ángel de la guarda disfrazado de policía que había acudido al lugar de los hechos alertado por el disparo. Ese fue el último día que vi a mi padre, a mi abuelo y a mi tío Miguel.

Un día después

Mi madre me llevó a casa de mi abuela con una bolsa del supermercado donde cabía toda mi ropa hecha un gurruño. Por el camino me fijé en el pavimento, por si quedaba sangre de mi tío Miguel, pero de esta ya habían dado buena cuenta los perros o los gatos callejeros y lo que antes era un charco bien definido, ahora no era más que una mancha magenta difuminada que podía ser de cualquier cosa. Cuando llegamos a la casa, sentadas ya en el sofá de la sala, mi abuela no decía nada, pero no le quitaba ojo a la bolsa. Después de que mi madre cogiera un botellín del frigorífico y con mi abuelo mirándolas desde la puerta de la cocina, la hija le dijo a la madre.

—Mamá, tú ya viste lo que pasó ayer allí en mi patio.

—Sí, sí… ya lo vi, ya…

—Y el Miguel, ¿cómo está?

—Pues ¿cómo va a estar?

—Ay, yo qué sé. Por eso te pregunto.

—Pues mal. Pero vamos, que de esta sale.

—Menos mal.

—Ni que te importara a ti mucho eso.

—Pues claro que me importa, mamá.

—Ya…

Mi abuela no dijo nada más, no pensaba poner nada de su parte para hacer fácil la conversación. Se levantó del sofá y, de manera rutinaria, movió de sitio a mi abuelo en su silla con el objetivo de quitarlo de la corriente, ya que iba a empezar a anochecer. Después se volvió a mi madre, pero no se sentó.

—Bueno, mira —dijo por fin—, las dos sabemos que no has venido a preguntar por tu hermano Miguel. Yo sé perfectamente lo que me quieres pedir.

—¿Lo sabes?

—Pues claro.

—Y, ¿entonces?

—Pues que no.

—Ay, mamá, es que a mí me da miedo que un día allí a la niña le pase algo. Que yo no puedo estar pendiente de ella.

—¡He dicho que no! Ya bastante tengo con el Joselito.

El Joselito era mi medio hermano. Solo de madre, su padre no sé quién sería. Era algo mayor que yo y desde que nació se quedó en casa de mi abuela, que fue quien lo crio. No tengo nada en su contra, pero algo debe significar que me haya olvidado de él hasta ahora mismo. Cuando reflexiono sobre el concepto hermano, quienes me vienen a la cabeza son mis primos.

—Pero por eso mismo, mamá, para que el Joselito tenga con quien jugar.

—Pero vamos a ver. ¿Tú has visto cómo es esta casa? Que aquí. entre tu padre, yo, el Titi y el niño, apenas cabemos. Como para meter a otra. Tú eres su madre y eres la que se tiene que ocupar de la niña.

—No es una cualquiera, mamá. Que es de tu sangre. ¿De verdad vas a dejar tirada a tu nieta?

Mi abuela mantuvo unos segundos de silencio reflexivo. Mi madre era una gran manipuladora.

—Anda, espera…

—Vale —dijo mamá tratando de disimular el tono triunfal.

—Pero eres tú la que la está dejando tirada, no yo.

Entonces, se sentó en una silla que tenía al lado del teléfono fijo. Encima de la mesita donde se hallaba el aparato, también se encontraba una libreta pequeña con números de teléfono apuntados. Mi abuela empezó a revisar las notas y, cuando encontró el número que buscaba, marcó haciendo girar repetidamente la rueda del teléfono con mucho cuidado de no equivocarse. Era el número de su hermano Victorino, el cual vivía en el pueblo con su mujer, Josefa. Después de más de media hora hablando, colgó y le dijo a mi madre.

—Pues ya está. Mañana llevas a la niña a Monesterio.

—Monesterio era el pueblo extremeño del que inmigraron mis abuelos.

Mamá obedeció y al día siguiente me llevó allí. Cogimos un autobús en Plaza de Armas y, cuando llegamos a nuestro destino, en la misma estación, el hombre de la taquilla nos hizo el favor de llamar a un vecino que daba portes para que nos acercara a la casa de campo que tenían el hermano de mi abuela y su cuñada. Por algún motivo, ellos no podían tener hijos, y se sentían desgraciados por ello. No había día que no le rezaran a Dios para que les bendijera con un niño y en mi llegada vieron la respuesta a todas sus plegarias. Allí, a cargo de estas dos buenas personas, me dejó mi madre diciéndome que vendría en unos días.

Finales del 85 y principios del 86

Aquel maravilloso paréntesis supuso para mí el descubrimiento de la increíble sensación de ser una niña mimada. Ropa nueva a diario, sábanas perfumadas, besos de buenas noches, Cola Cao con magdalenas por las mañanas, paseos por el pueblo donde me presentaban con orgullo a todas sus amistades, tener en cuenta mis gustos… y, sobre todo, comer como un rey medieval en un banquete todos los días. Victorino y Josefa hacían sus propios embutidos, así que raro era el día que después de almorzar huevos de sus gallinas, verduras de su huerta o exquisitas migas extremeñas, no me zampaba un bocadillo de chorizo, de salchichas o de queso, como prepostre.

En efecto, era agradable sentirse bien tratada, pero sin el menor género de dudas lo que más me marcó de aquella experiencia fue el contacto de tú a tú con los animales. Aquello sí supuso una especie de meta volante en mi proceso existencial. Tenían gallinas, conejos, cerdos y una vaca enorme y mansa que se llamaba Rocío, igual que yo. En realidad, la vaca tenía otro nombre, pero Josefa pensó que me divertiría que se llamara Rocío y, cuando yo se lo pregunté, ella le cambió el nombre sobre la marcha para darme el gusto. Daba igual, yo me sentía de alguna manera hermanada con aquella vaca. También con las gallinas y los conejos. Incluso con los guarros. Podía pasarme horas mirándolos comer intentando descifrar sus pensamientos. Había algo que me atraía en los ojos de cualquiera de aquellas bestias. Se trataba de un poso de melancolía, un saber que su vida no era suya, que más que lástima despertaba en mí una inmensa empatía. Aquellos animales me enseñaron que todos formamos parte de la misma Tierra.

Pasaron dos meses, en los que yo habría engordado cinco o seis kilos. Lo sé porque fue lo primero que dijo mi madre cuando vino de visita.

—¡Madre mía, Chati! Cómo te has puesto —me decía mientras me abrazaba y me levantaba del suelo, no sin cierta dificultad—. Se nota que comes bien.

—¿Sí?

—Sí, sí… Estás guapísima.

Después de darle la bienvenida, Josefa hizo ese día un guiso de revoltillos con morcilla que nos dejó sentados en el sofá algunas horas. Después, antes de que anocheciera, le enseñé a mi madre todas las cosas maravillosas que había allí. La casa, la huerta, los cerdos, las gallinas y, por último, a Rocío. Allí, ante la atenta mirada del trashumante, fue cuando escuchamos la bocina de un coche y mamá intentó despedirse de mí.

—Bueno, Chati. Ya se va a hacer de noche y está el del taxi esperándome. Que sale el autobús en una hora.

—¿No te quedas a dormir?

—Uy, no. Qué va. Tengo cosas que hacer en Sevilla.

—Pero yo no quiero que te vayas.

—Pero me tengo que ir.

—Y ¿por qué no te vienes a vivir aquí con nosotros? —A mi madre le entró la risa cuando escuchó aquella propuesta.

—Ja, ja, ja… Sí, seguro que Victorino y Josefa están encantados con la idea…

—Bueno, yo se lo digo. Son muy buenos.

—Mira, Chati, no le des más vueltas. Yo me voy ahora a Sevilla y ya vendré a hacerte otra visita dentro de poco, ¿vale?

—No. No vale.

—Pues tiene que valer —respondió mi madre viéndome venir.

—Pues si te vas, yo me voy contigo.

—¿Cómo te vas a venir conmigo? Con lo bien que estás aquí.

—Que no. Que yo me voy contigo. Yo quiero estar contigo. Yo no quiero estar aquí. Yo me voy contigo. Aquí no me quedo. —Yo había empezado a llorar, cosa que sabía que era irresistible para mi madre. Yo también manipulaba bastante bien.

—Bueno, bueno… No llores. Ven, anda.

Me dio un abrazo y cuando me sosegó fuimos al asiento trasero del coche. El chofer nos saludó con un buenas tardes y mi madre le pidió que esperara un segundo. Allí, con las puertas cerradas y asegurándose de que Victorino y Josefa no podían escucharnos, me interrogó.

—Vamos a ver, Rocío. ¿Tú estás segura de que te quieres venir a la Macarena?

—Sí.

—Sabes que yo allí no tengo dinero para mantenerte. Lo sabes, ¿no?

—Sí, ya lo sé. Me da igual.

—Sabes que allí conmigo yo solo te voy a poder dar pan

con manteca. ¿No? Que yo no tengo dinero para otra cosa.

—Pues como pan con manteca todos los días. No me importa.

Al escucharme mi madre suspiró, y en la exhalación pude percibir cómo susurraba las palabras «hay que joderse». Entonces, miró furtivamente a su alrededor, como si fuera a robar algo, me acarició la cabeza y ordenó.

—Venga, pues no vamos.

Y, de esa manera, lo que en principio iba a ser una despedida fue cualquier cosa menos eso, ya que, además de no despedirme de mamá, tampoco lo hicimos de Victorino y Josefa, ni de los animales, ni de Monesterio, sino que nos fuimos como se va un fugitivo.

Pasaron varias semanas cuando nos llegó por Correos un paquete con la ropa y las muñecas que me habían comprado Victorino y Josefa durante mi estancia con ellos. Nos vino muy bien, aunque sea cierto que para aquellas fechas la ropa ya me quedaba grande.

CAPÍTULO 3

Primavera del año 1.986

Mi vida en la Macarena fue tan opuesta a la de Monesterio que, a veces, dudo incluso si yo era la misma persona en un lugar y en el otro. En mi recuerdo ambos episodios no parecen ser Capítulos de una misma trama, sino más bien historias de distintas vidas de diferentes personas. Mientras que en el acogedor municipio pacense yo era el ojito derecho de mis tutores, en Sevilla, aunque, según la teoría, yo estaba bajo los cuidados de mi madre, en la indolente práctica me pasaba el día sola. Como era demasiado pequeña aún para salir a la calle, mamá dejaba la puerta cerrada de casa mientras ella estaba fuera por varias horas o, a veces, durante casi todo el día. Desde su prisma, aquello no era abandono, sino protegerme de unas actividades de las que ella deseaba mantenerme alejada.

Además, aquel periodo fue especialmente complicado para ella, ya que la comisaría de policía situada en la plaza de la Gavidia había decidido incluir a mamá entre los individuos en busca y captura para todo el territorio nacional. El motivo era una sucesión de atracos a punta de navaja con más o menos violencia. El día en el que mi madre vio su foto expuesta en un cartel del tablón de anuncios del mercado de abastos de la calle Feria, tras arrancarlo, vino a casa a toda prisa tijeras en mano y se cortó el pelo hasta dejárselo como un niño.

Por mi parte, mi día a día nada tenía que ver con la tumultuosa cotidianidad de mi madre. Se trataba, sin resumir demasiado, de combatir dos cosas: el aburrimiento y el hambre. Y solo podía intentarlo desde las cuatro paredes que limitaban nuestra caja de cerillas. Como vivíamos en un bajo, yo lo más que podía hacer para intentar contrarrestar ambos era pasarme las horas sentada en la ventana, que tenía una reja, con las piernas colgando hacia fuera y mirando a la calle. Desde ahí interactuaba con mis vecinos, a los que los veía entrar y salir del bloque. Estos eran conscientes de mi situación y solían atenderme de alguna u otra manera. Sobre todo, cuando acudían a la ventana alertados por mi llorera y mis gritos de «Mamá, mamá» que podían oírse en toda la calle. Y es que yo tenía una gran potencia de llanto, capacidad esta que seguro se me desarrolló como un efectivo mecanismo de supervivencia.

—¡Mamáááá! ¡Mamáááá! ¡Mamáááá, veeeen! —Lloraba yo, hasta que aparecía alguien. Por ejemplo, mi vecina Mariló con su hija pequeña, Marta.

—Ay, ay... Rocío, pero ¿qué te pasa? ¿Qué te duele? ¿Te duele algo? —me contestaba desde la libertad del otro lado de la ventana.

—¡Quiero que venga mi mamá! ¡Mamáááá!

—Vale, vale, Rocío, guapa... pero para de llorar, mi niña...

—¡Mamáááá! ¡Mamáááá!

—¡Ay, nena...!

—¡Mamáááá!

—Mira, Rocío, una pregunta. ¿Tienes hambre? —Mariló sabía que con aquello captaba mi completa atención—. Te lo digo porque yo ahora voy a mi casa a poner la comida... —Así me engatusaba, mientras Marta, la niña, no perdía detalle y trataba de responderse a las mil preguntas que se le arremolinaban en la cabeza al observar aquella situación.

—Y ¿qué vas a hacer de comida? —Salivaba yo.

—Puchero. ¿A ti te gusta el puchero?

—¡Sí! Me gusta todo.

—Bueno, pues mira, ahora va a venir Marta y te va a traer un cacharro con puchero. ¿Quieres?

—Sí.

—Bien.

—¿Con garbanzos?

—Claro, con garbanzos.

—¿Y con carne?

—Algún trocito de pollo caerá, sí.

—Vale —respondía ya más calmada.

—¿Dónde está tu hermana? —le preguntaba a Marta, por hacer aquella situación algo más coloquial.

—Margarita está en el cole porque es mayor —me reconocía la niña que estaba deseando poder decir algo.

—Vale.

—Oye, Rocío —retomaba la madre mientras olfateaba el aire—. ¿Tú te has hecho caca?

—Sí.

—Ya me parecía...

—Y huele mucha peste.

—¡Madre mía!... Sí que huele.

—Es que se me ha salido la caca. Mira.

Le decía al tiempo que levantaba el muslo del alféizar. Entonces Mariló torcía la boca ante mi pantalón manchado:

—¡Virgen Santa! Espera un momento, te voy a traer unos pantalones limpios y a ver si puedo cambiarte el pañal, que se te va a poner el culito rojo.

Y así, entre las dos, porque con la reja de por medio a ella sola le resultaba imposible, me poníamos un pañal limpio. Se trataba de una operación de ingeniería complicadísima, pero entre los «tira de aquí», los «sujeta ahí sin mancharte» y los «limpia por allá, que ha quedado un cacho», la sacábamos adelante con un éxito del ochenta por ciento. Después bajaba Marta con un plato de comida y me lo entregaba a través de la reja como si ella fuera una monja y yo una condenada a muerte en su última noche de vida. Cuando no era Mariló la que me daba de comer, era Juana, y, si no, pues Maribel, y, si no, pues cualquier vecino o comerciante de la calle, el que fuera. Lo cierto es que en esa época yo era hija del barrio.

Ningún vecino delató jamás a mi madre. Y si esto no ocurrió no fue por temor, sino porque, pese a todo, cuando mamá estaba allí, era, en líneas generales, una buena vecina. No era una persona desagradable, ni mucho menos, y siempre estaba dispuesta a echar una mano a quien se la pidiera. Los demás inquilinos la veían como una pobre oveja descarriada y deseaban con todas sus fuerzas que volviera al redil, lo cual era una tarea impensable, ya que ella, aunque lo intentase a veces, no sabría formar parte de un rebaño. En ocasiones tengo la tentación de culpar a la droga de cómo era mi madre, pero si me sincero conmigo misma, llego a la conclusión de que ella siempre hubiera sido una nota disonante en cualquier época o contexto en el que hubiera nacido. Eso no significa que no amase o que no sintiera nada. Tengo la certeza de que ella me quería, aunque es cierto que su forma de querer no era como la de los demás. Su paisaje emocional interior estaba compuesto de tormentas, huracanes y volcanes en erupción. Mi duda siempre será si habría sido capaz de aprender a domesticar los elementos si la heroína no lo hubiese ocupado todo. Sin embargo, yo sí era capaz de palpar ese amor y esa preocupación por mí cuando estaba a mi lado. Debe ser duro vivir creyendo que lo único que le puedes ofrecer a tu hija son formas de hacerse daño. Para luchar contra esa idea terrible, a veces llegaba a casa después de haberme comprado, o robado, una juguetería casi completa y cosas por el estilo. También me llevaba al dentista, eso sí que la hacía sentirse una buena madre. Aunque es cierto que no podíamos ir a cualquier dentista, sino solo a uno que tenía su consulta en una bocacalle de

San Luis y que era hermano de unos vecinos. Aquel dentista nos arregló la boca, ortodoncia incluida, tanto a mi madre como a mí, ya que teníamos las dos los dientes torcidos. A mí me encantaba acudir allí. Era lo más parecido a hacer planes con mamá que tenía. Disfrutaba mucho del simple hecho de estar esperando nuestro turno en aquella sala tan lujosa donde todo lucía tan limpio y ordenado y de donde, cada vez que la visitábamos, hacíamos acopio de revistas del corazón para todo el mes. Me gustaba mucho también decir a los que estaban allí «buenos días, buenos días» al llegar y «hasta luego, hasta luego» cuando me iba. Incluso me maquillaba de la manera más elegante que sabía, que se basaba en el concepto de que cuanto más maquillaje, más elegancia, y, por supuesto, no desaprovechaba la ocasión para lucir mis collares, mis pendientes y mis tacones. Tenía claro que al médico no se podía acudir de cualquier manera, ya que aquel doctor era una persona muy respetable y con unos muy exigentes estudios. Lo cierto es que tuvimos mucha suerte de dar con él ya que, aunque dentistas había muchos, aficionados a la heroína ya no eran tantos, o al menos no solían decirlo.

—Bueno, Manoli —decía después de intervenirnos a ambas, ya sentado detrás de su mesa y escribiendo recetas—. El líquido este es para limpiaros los aparatos y las pastillas por si al principio os duele un poco. El tuyo ya veo que está bien, pero a la niña me gustaría verla la semana que viene para ver que todo va como tiene que ir.

—Vale, pues gracias, don José…

—De nada —decía el doctor exhibiendo una enorme sonrisa de careta que pretendía esconder el ansia.

—Entonces, le tengo que pagar la de hoy y la de la semana que viene, ¿no?

—Si eres tan amable.

—Sí, claro. Sin problema.

Y con toda la naturalidad del mundo, mi madre le daba

tres o cuatro paquetillos, según fuera, que don José miraba salivando y los guardaba en el cajón de su excelsa mesa de caoba. Todo era carísimo en el despacho de don José. Se trataba de una persona respetable con unos muy exigentes estudios.

Finales de mayo del 86

Pero por mucha compasión que despertara mi madre, si había algo que los vecinos no pudieron soportar fueron las periódicas redadas policiales. Este fue el principal motivo por el que el goteo de vecinos que abandonaban Arrayán treinta y dos fuera incesante.

Una redada es escandalosa y muy desagradable. En primer lugar, llegan los policías con sus armaduras acolchadas arramplando a golpe de ariete con toda puerta que se les interponga, pegando gritos sin importarle lo más mínimo que alguien pudiera estar echando la siesta o tratando de dormir a un bebé. Después, del inmueble o inmuebles que estén siendo objeto de la intervención sacan a todos sus inquilinos al patio a la vista de todos y los colocan con las manos en la pared. A todos menos a los niños, eso sí. La totalidad de la operación se va ejecutando con gritos y golpes tanto al mobiliario como al personal. El siguiente paso es proceder a desnudar a los desdichados sospechosos para efectuar un escrupuloso registro corporal. Escrupuloso por lo intensivo, no por lo cuidadoso, ya que cualquier lugar del cuerpo donde se le ocurra a cualquiera que se puede esconder algo, la policía ya lo tenía pensado. Por último, después de que un agente ponga a buen recaudo el botín que hubieran encontrado, de drogas, principalmente, esposan a los desafortunados que proceda y se los llevan a comisaría donde, dependiendo del motivo de su detención, pueden permanecer unos días, unas semanas o, en el peor de los casos, varios años. Yo odiaba a la policía con todas mis fuerzas. Ellos ponían todo su empeño en robarme a mi madre y para lograrlo se valían de todo tipo de trucos. Desde los más ruidosos, como las redadas, hasta los más sutiles, como los policías de paisano. Ambos eran igual de peligrosos y de detestables.

En la memoria tengo impresa la que para mí fue la más horrible de todas las redadas, la que me cambió la vida. Era de madrugada y mi madre estaba en casa preparando paquetillos de cocaína para venderlos al día siguiente. Estaba charlatana y de bastante buen humor pensando en las ganancias que iba a obtener de aquellas ventas, las cuales me iba detallando, aparte de decirme todas las cosas que me iba a poder comprar. Yo sentada a su lado, jugaba a pedirle cosas imposibles para que ella se riera de mis ocurrencias, como, por ejemplo, un coche rosa lleno de caballos. Aunque lo pasáramos bien, ninguna de las dos bajábamos la guardia, ya que yo había estado viendo dar vueltas por la zona a una pareja de la policía secreta durante todo el día. Sabíamos cómo hacer para estar relajadas y tensas al mismo tiempo. En un momento dado, me asomé a la ventana como guiada por un presentimiento, y divisé a un equipo de robustas sombras que se acercaban al portón de nuestro bloque con velocidad y sigilo. Comprendí de inmediato lo que estaba pasando, así que, sin concederme tiempo para dudar, grité con todas mis fuerzas «¡agua, agua!», como si fuera la sirena de un potente equipo de alarma. Mi madre actuó entonces con suma presteza y se deshizo de casi toda la droga por el váter, menos algunas dosis que se guardó para ella.

—¡Rocío, ven aquí! —me ordenó en cuanto escuchó a los policías entrando en tropel por el portal. Para cuando echaron abajo nuestra puerta, mi madre me tenía fuertemente abrazada. Me apretaba tanto que podía sentir los huesos de sus finísimos brazos clavándose en mi cuerpo. Aunque pueda parecer que ella me estaba protegiendo a mí, en realidad era al revés. Era yo quien hacía las funciones de escudo, ya que sería muy extraño que un policía golpeara a una madre delante de su hija pequeña. Yo, sabiéndome protectora, miraba con rabia a los policías con el objetivo de intimidarlos, pero ni utilizando toda la fuerza con la que mi pequeño cuerpo estaba dotado fui capaz de evitar que de un tirón me quitaran de encima a mamá y la sacaran al patio para proceder al registro. Yo los seguí y, una vez estuve fuera, comprobé que solo habían intervenido a nuestro bajo y aquello me dio mala espina. Y no sería porque no pudieran acceder a las demás viviendas, ya que todos los vecinos habían abierto sus puertas para contemplar la escena ataviados con pijamas y babuchas. Todo aquel tinglado se había montado solo para detener a mi madre. Cuando la esposaron, yo ya estaba rodeada de mis primos, Antonio, Ángela y Enrique, y de mi tía Ángela con el bebé en brazos. A mamá me la robaron aquella noche y se la llevaron a la cárcel de mujeres de Alcalá.

Me pasé hasta bien entrada la mañana deseando que me la devolvieran al día siguiente o, como mucho, en una o dos semanas, pero esto no ocurrió. Me la habían quitado de verdad. Un par de días estuve comiéndome las uñas en casa de mi tía, para después pasar a la de mis abuelos, que vivían con mi tito Titi y con mi hermano José. Mi abuela no me hizo una fiesta de recibimiento precisamente. A mamá le cayeron cuatro años. Una vida entera para mí, ya que esa era la edad que yo tenía en aquel momento.

CAPÍTULO 4

Otoño del mismo año

Ni una sola persona más cabía en casa de mis abuelos sin que todos los inquilinos tuvieran que asumir la sensación de vivir enlatados. Mi abuela tenía razón cuando se quejaba de que, entre mi joven tío Titi; mi hermano José; y mi abuelo con su silla de ruedas, ya habían alcanzado el límite de ocupación.

—¡Demasiado que me quedé con el niño, como para que ahora también me tenga que quedar con la niña! Si por lo menos fuese otro niño, aún me lo pensaba...

Repetía una y otra vez mirando al cielo, como si de aquella manera las palabras viajasen hasta los oídos de mi madre en la cárcel. Por eso no lo dudó un instante cuando asuntos sociales le ofreció la posibilidad de internarme en un colegio religioso con el que la Junta de Andalucía tenía un convenio de colaboración. Allí viviría de lunes a viernes durante los siguientes cuatro años.

Las semanas que permanecí en casa de mis abuelos mientras se terminaban de arreglar las gestiones de admisión en el centro me sirvieron, sobre todo, para conocer mejor a mi hermano de madre, José, y, aunque no lo pudiera considerar como a cualquiera de mis primos de Arrayán, debo decir que me cayó bien. Me explicó con sincero entusiasmo a qué solía jugar él y le vi tomarse muy en serio la tarea de encontrar la manera de incluirme en su mundo. Al

41

principio fue algo forzado, pero conforme fueron pasando los meses fuimos afinando los juegos de fin de semana en fin de semana, hasta hacerlos genuinos de ambos. Llegaron a convertirse en uno de los motivos por los que yo deseaba que llegase el sábado lo antes posible.

Noviembre de 1.986

El internado Virgen de los Reyes estaba ubicado enfrente del Hospital de las Cinco Llagas, que ahora es el Parlamento de Andalucía, al otro lado del arco de la Macarena. El primer día en el que mi tío Titi, encargado oficial de llevar y traer a cualquier sitio a todos los habitantes de la casa, me dejó allí con una bolsa de plástico con mi ropa como único equipaje, y pisé el gélido suelo de mármol de aquella sagrada institución me invadió la peor de las tristezas, que es la que no se llora. Una monja con rostro de carcelero me guio a través de los pasillos de aquella casa de los desamparados, que rezumaba desamparo, hasta la que sería mi cama, ubicada en un enorme dormitorio común junto a otras ciento y pico.

No contribuían nada a sentirse acogida, sino todo lo contrario, las extraordinarias dimensiones de aquel edificio, tan imponente, tan frío, tan beato y tan monumental. Además, según comprobé después, cuando ingresé, yo era la alumna más pequeña de todo el centro, siendo esto un inconveniente insalvable a la hora de hacer amigos. Aquel primer curso, la única compañía con la que contaba era una foto de mi madre que robé de casa de mi abuela. Para contrarrestar la soledad me pasaba largos ratos sola contemplándola e imaginando que, en alguna celda de la cárcel de mujeres Alcalá 1, ella estaría haciendo lo mismo con una foto mía. Así, observando, fui consciente de lo guapa que era. Me gustaba absolutamente todo de su cara. Su cabellera negra y ensortijada, sus ojos profundos, su boca de labios gruesos, sus angulosos pómulos... En esa foto encontré yo mi morada aquellos días, sin embargo, no me proporcionaba calor.

Yo tenía la certeza de que entre aquellos muros no había nadie igual a mí, pero además sentía como si tampoco pudiera localizar un semejante en el resto del mundo. Como si fuera la única isla, desierta y sin náufrago, en medio de un planeta donde todo fuera océano.

Menos mal que, pasados unos días, a las internas más mayores les produjo ternura mi presencia y, de vez en cuando, me hacían mimos y caricias durante un rato. Tenían unos trece o catorce años, pero parecían adultas. Algunas incluso tenían hijos. Aquello me hacía sentir como si fuera una mascota, pero, aun así, lo buscaba y lo motivaba tratando de cumplir con sus expectativas de niña adorable.

Pasaban las semanas

La vida en el internado se dividía entre las mañanas y las tardes, una dualidad que iba más allá de lo temporal y se parecía más al contraste entre el bien y el mal, o entre la luz y las tinieblas. Por las mañanas íbamos a un colegio que había pegado al edificio, y las tardes las pasábamos a cargo de las monjas. El colegio se llamaba Virgen de los Reyes y era público, con lo que allí los internos nos mezclábamos con los otros niños, a los cuales nosotros definíamos con naturalidad como «los normales». Aquello era el Bien, lo tenebroso eran las tardes. A esta segunda mitad del día llegué a tenerle un rechazo tal que podía considerarse miedo, un temor motivado por la mal entendida disciplina que nos trataban de imponer las monjas. En concreto una. Fue esta la primera persona mala en toda la amplitud del adjetivo que me había cruzado hasta aquel momento. No me refiero a los comportamientos malvados que cualquiera podemos acometer en determinadas circunstancias, sino a que la oscuridad

43

parecía nublar la totalidad de su corazón y su pensamiento. Y eso que yo he visto a gente rajar a otras personas en peleas con cristales rotos o a grupos dando palizas a alguien para robarle un reloj Casio, pero lo de aquella monja lo sitúo en otro plano, un concepto de malicia menos visceral y más reposado.

Allí, cada hermana se hacía cargo de un grupo de unos veinticinco niños, y yo, junto con otros veinticuatro, tuve la mala suerte de ser asignada al suyo. La hermana se llamaba Rocío, sor Rocío, como era obligatorio llamarla a ella y a todas. Pues bien, cada vez que algún educador o algún trabajador social de la Junta de Andalucía, interesándose por la evolución de su grupo de internos, le preguntaba por mí, ella siempre hacía la misma broma que jamás consiguió arrancarle la más exigua sonrisa a nadie.

—¿Esa? —decía señalándome y en un tono lo suficientemente alto como para que yo me diera por aludida—. Ha entrado hace poco. Lo malo es que se llama Rocío, igual que yo, y le quita categoría a mi nombre, con lo bonito que es.

Y entonces, ante la incomodidad de su interlocutor, ella forzaba una sonora carcajada. Era condición indispensable que yo me enterase de la broma, porque el único objetivo de esta no era otro que provocarme dolor. Pero aquello no era todo, ni mucho menos, si se hubiera quedado ahí no sería más que una anécdota.

La primera noche que dormí allí tuve la mala fortuna de hacerme caca encima y manchar la sábana de la cama. A partir de aquel momento, sor Rocío dejó de dirigirse a mí por mi nombre y me bautizó con el mote de la Cagona. A raíz de aquello, cada vez que en cualquier lugar de aquellas instalaciones enormes aparecía una mancha de caca, cosa que ocurría con cierta frecuencia, la monja decidía que había sido culpa mía, aunque hubiera sido en la otra ala del edificio, y me obligaba a limpiarlo. Además, lo gritaba y lo publicitaba para que los demás niños se enteraran:

—¡Ya se ha cagado otra vez la Cagona! Pues ahora mismo a limpiarlo. ¡Qué guarrada!

Decía exagerando los aspavientos para que todos los niños le hicieran caso y, a ser posible, se rieran de mí. A ellos no puedo culparlos, se reían por el mismo motivo que lo harían los invitados a una comida de empresa de Hitler cuando este contara algún chiste. Puro terror.

En cierto modo, yo hasta tuve suerte. En mi grupo había un niño que se llamaba Luis, y un día lo encontré muy nervioso porque se había hecho pipí en la cama. Le pasaba con frecuencia. Yo traté de calmarlo diciéndole que no era para tanto porque, al fin y al cabo, fregar un charquito es mejor que limpiar una plasta de mierda. Pero sus temores resultaron estar fundados. Cuando sor Rocío lo vio, lo agarró por la nuca y le restregó la cara por el charco de orín. A mí aquello me inspiró mucha lástima y, por eso, cuando yo iba con mi fregona y mi cubo a limpiar una mancha de caca de algún azulejo solía buscarlo con la mirada entre los demás niños, ya que hacerlo reír me aliviaba un poco.

Estas cosas ocurrían en las tardes. Las mañanas eran muy diferentes, ya que las ocupamos en ir al colegio. Como dije antes, se trataba de un centro público normal, solo que estaba literalmente pegado al internado. El primer día me acompañaron a través de un arco enorme que unía ambos edificios, lleno de figuras de santos mutilados y de vírgenes desgastadas. A partir del segundo ya debía ir por mi cuenta, y siempre intentaba no retrasarme ni llegar la primera para no tener que atravesarlo yo sola.

Mi primer día de colegio

En la clase, ningún niño se atrevió a acercarse a mí. Los asustaba mi presencia. Yo lo percibía, y aunque la que estaba realmente aterrada era yo, adopté una actitud desafiante para que no me lo notaran. Ahí me parezco un poco a los perros, que cuando están asustados enseñan los dientes. Me senté en el pupitre que me dijeron y ahí estuve, evaluando la situación. En el recreo, a falta de otra cosa mejor, me puse a deambular por el patio y, en un momento dado, se me acercó una niña. La había visto en mi clase antes, era la única que fue capaz de sostenerme la mirada. Resultó ser un ángel, aunque en aquel momento aún no tenía claro si era amiga o enemiga.

—Hola —me saludó.

—Hola —dije de malos modos.

—¿Qué haces?

—Nada.

—Ah.

Hubo un pequeño silencio. No sabía si fiarme de ella. Pensé que si nos peleábamos yo no tendría problemas para someterla, pero, aun así, no bajé la guardia. Ella, en vez de pegarme, optó por desgastar mis defensas con charla incesante.

—¿Cómo te llamas?

—Rocío.

—Yo me llamo Ana.

—Vale.

—Pues vale.

Me di cuenta de que aquella conversación no iba a ninguna parte, así que continué paseando, pero Ana, en vez de darse por enterada, se puso a andar a mi lado.

—Yo una vez conocí a otra niña que se llamaba Rocío —me dijo, como si me importara.

—¿Y a mí qué? Hay muchas Rocíos.

—Es verdad. Anas también hay un montón.

—Yo no conozco ninguna.

—Pues las hay.

—Pues vale.

Seguimos con el paseo. Yo aún no la veía venir, pero reconozco que había empezado a relajar mis escudos. En un momento dado, me preguntó:

—¿Tu madre cómo se llama?

—Manoli.

—Ah… ¿Y dónde está?

—Trabajando —mentí—. Trabaja mucho y por eso estoy en el internado. Pero viene a verme todos los días.

—Qué bien.

—Pues sí. —Entonces decidí llevar yo la iniciativa, aunque fuera para corroborar mi historia—. Tengo una foto suya. ¿Te la enseño?

—¡Claro!

Me saqué del bolsillo del pantalón la foto arrugada de mi madre, que ella cogió y estudió con atención. Yo sentí como si me estuviera mirando por dentro.

—Es muy guapa —dijo devolviéndomela.

«¡Vaya! Parece que al final esta niña tiene la cabeza sobre los hombros», pensé yo mientras asentía y me volvía a guardar la foto. En ese momento, Ana desenvolvió un bocadillo que tenía en la mano, del que yo no me había percatado, y le dio un bocado. Era de chorizo y olía muchísimo. Por un momento pensé en robárselo, pero me contuve. Cuando se hubo zampado medio sin incomodarse lo más mínimo por mi mirada, me ofreció lo que le quedaba.

—Ya no quiero más. ¿Tú lo quieres?

—¡Sí!

Le dije ansiosa y sin poder creérmelo. Ana me lo dio teniendo la precaución de soltarlo antes de que le mordiera la mano, y yo empecé a devorarlo con tanta voracidad que me acabó diciendo:

—Comes suuuperrápido.

—¡Umpf! —emití con la boca llena.

—¿Tu no traes bocadillo?

—No —dije con los carrillos aún a tope de pan.

—¿Tu madre no te lo hace?

—No tiene tiempo, está trabajando todo el día.

—Por eso tienes tanta hambre. ¿no?

—Supongo.

Y en ese momento, gracias a aquel bocata de chorizo compartido, la luz se hizo presente y nos volvimos amigas. Creo que las dos lo notamos. Al día siguiente, Ana trajo dos bocadillos, uno para ella y otro para mí, costumbre que ya no abandonó en los cuatro años que permanecí en el colegio Virgen de los Reyes.

CAPÍTULO 5

Cuatro años. Desde 1.986 a 1.990

Poco a poco, trimestre a trimestre, me fui acostumbrando a la rutina del internado. A sus paredes frías, distantes y desconchadas; al dormitorio gigantesco donde nadie daba las buenas noches; a que los miércoles, de seis a siete de la tarde, que era el horario que teníamos los internos de recibir llamadas de los familiares, nunca preguntasen por mí, y a que los sábados me recogiera mi tío Titi para pasar el fin de semana en casa de mis abuelos durmiendo en una cama plegable en el salón. Que la fuerza de rutina me acostumbrara a aquella vida no significa que me gustara. Es como la creencia de que si eres de Sevilla no pasas calor porque estás acostumbrada. Una cosa es que te habitúes, y otra que estés inmunizada.

Acabé, eso sí, logrando el equilibrio perfecto entre jugar con Ana todo lo que podía por las mañanas, y tratar de pasar lo más desapercibida posible a sor Rocío por las tardes, cosa que, por muy bien que lo hiciera, no evitaba recibir alguna colleja de su santa mano de vez en cuando. A esta beata señora no le hacía falta enfadarse para sacar su odio a relucir. Era más bien al revés. Si pasaba demasiado tiempo sin ejercer algún tipo de violencia contra un inferior, se ponía nerviosa. La mayoría de las veces que soltaba la mano era por algún castigo preventivo a todo el grupo. O bien porque nadie delatara al culpable de alguna trastada

49

por la que acabamos pagando todos, haciendo gala de una dignidad admirable.

Sábados y domingos

Algunos fines de semana el Titi nos llevaba a mi abuela, a José y a mí a Alcalá a ver a mamá a la cárcel de mujeres, cosa que me producía una emoción gigantesca, aunque no comprendiera la motivación de aquellas mamparas de cristal que impedían que yo estuviera durante toda la hora sentada en su regazo. Aun así, aquellas visitas eran como si me echaran suficiente gasolina en el corazón para toda la semana.

A la salud de mi madre la cárcel le sentaba bien. Le hacía coger peso y le tranquilizaba la mirada de una forma desconocida para mí hasta entonces. Notaba estos cambios en el momento de despedirme, en el que, haciéndonos la funcionaria de prisiones un favor, se me permitía abrazarla. Era entonces cuando yo podía palpar la alegre y mullida carne encima de los huesos de sus brazos y en sus costillas. Pero es cierto que, al igual que yo, el que ella se hubiera acostumbrado a la cárcel no eliminaba el deseo de libertad.

Veranos

Cuando el curso escolar acababa, las monjas huían del calor y nos llevaban a otro centro que la congregación poseía en Chipiona. Allí descubrí la playa, y llegué a la conclusión de que es un sitio maravilloso donde confluyen todas las cosas buenas de la vida. Allí aprendí a coger cangrejos y camarones en los Corrales, salté encima de olas gigantescas e hice la croqueta humana en la arena. Este conjunto de cosas me hacía estar cada vez más segura de que en la playa es científicamente imposible estar triste. Incluso a las mismas monjas se las podía ver diferentes, más relajadas. En aquellos años pensaba que esto les ocurría porque cuando bajaban a la arena se despojaban de los hábitos, que debían pesar uno o dos quintales, y lo sustituían por el bañador, como cualquier persona corriente. Este era precisamente el objetivo que ellas perseguían y que creían estar cumpliendo: el de pasar por gente de a pie, pero lo cierto es que su condición se les notaba a leguas. Más incluso que a los secretas cuando se asomaban por la puerta de mi casa.

A nosotros, los internos, aquella arena y aquel mar, además de significar libertad, nos volvía osados hasta el punto de provocar el enfado de las monjas por pura diversión. Teníamos tendencia a tirarnos a los problemas de cabeza, igual que hacíamos con las olas que rompían en la orilla. Lo lográbamos incumpliendo de manera deliberada alguna de los miles de normas que teníamos. La más popular de estas era la de no tratar a las monjas con el título de sor. Nos tenían dicho que mientras estuviéramos en la playa debíamos llamarlas por su nombre de pila. Yo no entendía el porqué de esta regla y llegué a creer que a las monjas les pasaba como a Superman, que solo se le llama Superman cuando va disfrazado de Superman.

Mi último verano

Un día, ya por mi cuarto año en el internado, siendo veterana, recuerdo que unos cuantos más y yo, entre chapuzón y chapuzón, decidimos entretenernos sacando a las hermanas de quicio. Estábamos envalentonados porque era viernes. Una niña mayor que yo y más espabilada me retó diciendo que no me atrevería a llamar sor a sor Rocío, la más temida por todos, a voz en grito en medio de la playa, y yo recogí el guante:

—¡Sor Rocío!, ¿puedo meterme en el agua? ¿Eh, sor Rocío? —chillé remarcando muchísimo los «sores» para regocijo de mi público. Algunos niños no pudieron aguantar la presión y salieron corriendo.

—¡Sssssssht! ¡Que no me llaméis sor! —me susurró a gritos con los ojos saliéndosele de la cara.

Entonces vino directa hacia mí con la rabia incrustada en el rostro. Menos mal que estábamos en público y los demás bañistas observaban sin perder un detalle la escena, porque pude dilucidar en sus ojos las ganas casi incontrolables de hincharme la cara a bofetadas. Pero, aunque no me pegara, sí hubo consecuencias. Me cogió del brazo y me obligó a irme con sor Justina, una monja viejecita que bajaba un ratito con un vestido de playa marrón y un sombrero de paja, y siempre se volvía la primera para el internado. Por el camino, justo al salir de la arena ardiente e incorporarnos al paseo, colgado con bridas en una farola, llamó mi atención un colorido cartel. En él podía leerse: «¡GRAN CIRCO INTERNACIONAL DE FINLANDIA!», y dibujados estaban grandes artistas como los payasos más famosos del mundo, Puri, la auténtica reina de los caballos o la prestigiosa familia de trapecistas Oleson. Todo sobre un fondo azul y rojo chillón. Y como remate, en letras rojas y grandilocuentes, se leía «PRESENTADO POR TERESA RABAL». Sor Justina, que era muy bajita pero al mismo tiempo muy larga, percatándose de mi fascinación me dijo:

—¿Te gusta el circo?

—Me… me encanta —respondí aún deslumbrada.

—Pues el lunes vamos a ir de excursión allí.

—¿En serio?

—Sí.

—¡Qué bien!

—Pero si te sigues portando así te vamos a tener que castigar sin circo. Así que tú verás.

Y de esta manera consiguió tenerme como un guante antes de que el Titi me recogiera a la mañana siguiente.

Yo no había ido nunca a un circo y con esa edad aún no era consciente de lo mal que lo pasan los animales allí, así que me hacía mucha ilusión ir a ver aquel espectáculo y, por supuesto, a una famosa como Teresa Rabal. Estaba tan ilusionada que incluso ablandé el corazón de mi abuela, que decidió darme quinientas pesetas para que me las gastara allí. Aquello sí que me sorprendió. «Es que el circo es pura magia», pensaba al ver aquella enorme y brillante moneda con la cara del rey y de la reina en relieve.

Cuando nos bajamos del autobús en el recinto circense, casi no podía contener la alegría. Todos los niños debíamos entregar nuestro dinero a sor Rocío para que, según las hermanas, no se nos perdiera. Antes de entrar al espectáculo casi todos fuimos a comprarnos una Fanta a un puesto que había en la puerta. Una vez hecho esto, entré a la carpa sin dejar de sorprenderme por todo y de hacer bromas con mis compañeros. Cuando elegimos el sitio que nos pareció bien, me senté en una de las sillas de madera que estaban dispuestas para el público. Hacía mucho calor, así que, al acabarme la Fanta aún tenía sed. Entonces me acerqué a sor Rocío para pedirle permiso y, si me lo concedía, otras cien pesetas para ir a comprarme otra lata.

—¡Sor Rocío, sor Rocío!

—¿Qué quieres ahora, niña?

—Ya me he tomado la Fanta.

—¿Y qué quieres que haga yo?

—¿Me puedo tomar otra?

—¿Otra? Si ya te has gastado el dinero.

—¿Qué?

—¿Estás sorda? Que no te queda más.

—¡Sí me queda!

—Que no, niña. No seas pesada.

—¡Te di quinientas pesetas y solo me he gastado cien!

—¡Anda ya! Me diste veinte duros. Quinientas pesetas, dice...

—¡Que no! ¡Que te di quinientas pesetas! Me las dio mi abuela. Me tienes que dar cuatrocientas.

—¡Que no, niña! Que no te queda dinero. Siéntate ya.

—¡Son mis quinientas pesetas!

En aquel instante me mordí la lengua para no decirle que me las estaba robando, pero aun así debí pensarlo con tal intensidad que acabó por darse cuenta. Entonces me agarró el brazo y me lo presionó hasta dejarme los dedos señalados. Acercó su cara a la mía y susurrando me amenazó.

—Ni se te ocurra llamarme ladrona, niñata. Si te digo que no te queda dinero tú te aguantas y te callas. ¿Te enteras o no? Así se te quitan las ganas de llamarme sor en la playa. Ahora ve a sentarte, a ver si encima te voy a mandar al autobús.

Habría contestado inmediatamente si la indignación que sentía quemándome por dentro no me hubiera tenido tan confundida que me impidiera escoger las palabras. Entonces, de repente, se apagaron las luces de la carpa y empezó a sonar una estridente fanfarria que indicaba que el espectáculo iba a dar comienzo. Yo, cabizbaja, aturdida y humillada, volví a mi silla de madera. No conseguí disfrutar ni un solo minuto de aquel festival de lentejuelas y diversión. Aquello se desveló como un mazazo de dura realidad para mí. Me recordó con crueldad que mi madre estaba en la cárcel y que yo no estaba allí con mi familia, como una normal, sino con una monja que me despreciaba a mí y a todos los desgraciados que estábamos a su cargo. Y ni el mejor mago del mundo, ni los payasos de fama internacional, ni Puri la reina de los caballos, ni siquiera la gran Teresa Rabal, pudieron quitarme eso de la cabeza durante las dos horas que duró el *show*.

Mi último septiembre

Cuando acabó el verano me comunicaron por sorpresa que iba a hacer la comunión ese mismo mes, en septiembre. Las comuniones son tradicionalmente en primavera, pero algo había fallado conmigo y otras tantas internas por lo que no nos incluyeron en las catequesis el año anterior. A mí no me importaba en absoluto, pero por lo visto no podía suceder que acabara el año sin que hubiéramos recibido el correspondiente sacramento.

El día que me dijeron esto era miércoles, día de llamadas telefónicas, y llovía, razón por la que estábamos todos en el salón de actos en vez de en el patio. Pero si recuerdo aquel día con tanta nitidez no fue por la climatología, sino porque fue el primer miércoles que escuché mi nombre. Una monja desde la puerta lo estaba gritando mientras oteaba buscándome entre las cabezas de los demás niños. La alerta tensó mi cuerpo y si hubiera tenido orejas de perro se me habrían puesto puntiagudas. Repasé en mi mente los dos o tres últimos días intentando encontrar cuál podría ser el motivo por el que me la iba a cargar esta vez. No lo encontré, no recordaba haber hecho nada malo, lo cual es lo peor que te puede pasar en estos casos, porque no sabes por dónde te va a venir el golpe. También cabía la posibilidad de que hubieran decidido darme unas cuantas catequesis exprés antes de mi gran día. Entonces, la monja, cuando por fin me vio, me dijo.

—Rocío, vamos. Te llaman por teléfono. Es tu madre.

Aún no entiendo cómo conseguí no explotar en aquel momento. Tal vez fuera porque no daba crédito. Un escalofrío fortísimo me recorrió desde la uña del pie hasta la punta del más largo de mis cabellos. Aturdida, como en una nube, iba saliendo del salón aligerando cada vez más el paso sin darme cuenta. Para cuando estaba por los pasillos del edificio ya iba corriendo con todas mis ganas y, mientras subía las enormes escaleras que llevaban al piso donde estaba el despacho del teléfono, lloraba de manera incontrolable, pero, esta vez, de alegría.

—¡Mamá! —le dije al auricular sorbiendo mocos y secándome las lágrimas.

—Hola, Chati. —Ella me llamaba así a veces porque decía que no tenía nariz—. ¿Cómo está lo más bonito?

—Bien, bien…

—¿Estás llorando? ¡Anda ya! No llores, tontorrona.

—No, no. No estoy llorando. Es que no me lo esperaba.

—Bueno, ¿qué te cuentas?

—No sé.

—Algo sabrás, ¿no? Venga, cuéntame algo.

—Voy a hacer la comunión —le dije por decir algo.

—¡Anda! Qué bien, ¿no? ¿Y cuándo la haces?

—No lo sé, dentro de dos semanas.

—Pues entonces tendremos que ir a comprarte un traje, ¿no?

—Pero… —Me pareció una tontería recordarle que ella estaba en la cárcel.

—Pero ¿qué? ¿Eh?

—Pues que… pues eso… que ¿cómo…?

—¿Cómo? Pues yendo al Corte Inglés y comprándolo, ¡digo yo!

—Pero… si tú… tú no puedes…

—¡Que sí que voy a poder, mi niña! Que salgo ya mismo y voy a ir a buscarte para sacarte de allí a ti también. ¡Que somos libres, Chati!

Y después, según parece, siguió hablando de cómo iba a ser el traje de comunión que me iba a comprar y de cómo íbamos a llevar una buena vida sin drogas, pero honestamente, soy incapaz de recordar nada más de lo que ocurrió aquel miércoles aparte de las gotas de lluvia deslizándose por los cristales de las ventanas.

CAPÍTULO 6

Último trimestre de 1.990

Al final, por unos días, hice la primera comunión antes de que mi madre saliera a la calle, pero me dio igual, era imposible desilusionarme sabiendo que volvería a vivir con mamá. No sé por qué, pero mi abuela conservaba un vestido blanco de comunión, y ese fue el que utilicé. Durante la ceremonia yo observaba al cura proceder a ejecutar el rito sacramental llena de gozo, aunque nada tuviera que ver con recibir el cuerpo de cristo. Aun así, las monjas me dieron la enhorabuena con una sorprendente amabilidad, a la que si yo fui capaz de responder de igual manera fue solo porque sabía que estaba a punto de perderlas de vista para siempre.

Al principio, recién retornadas a la libertad, no tuvimos más remedio que apretarnos en casa de mis abuelos. Mientras duró la condena, mi abuela le arrendó el piso de mamá a una mujer muy mayor, conocida suya, que vivía sola. Esta, al enterarse de que mi madre y yo volvíamos a nuestra casa, le pidió a mi abuela un par de meses para poder dejar la vivienda e irse a vivir con su hijo a Cantillana, que era su pueblo. Si mi abuela hubiera podido echarla lo habría hecho, porque no le hacía gracia que su hija y su nieta vivieran también bajo su mismo techo, pero finalmente se sintió en la obligación de aceptar a regañadientes, como siempre.

Mamá estaba exultante, tanto física como moralmente. Hacía tres comidas al día, me despertaba para ir al colegio y, a veces, incluso me recogía. Los años de privación de libertad y talleres de reinserción habían conseguido sembrar en ella la firme convicción de llevar una vida ordenada a partir de aquel momento. A través de mi tía Ángela, se colocó limpiando casas, y entre aquello y una pequeña ayuda que recibía por parte de la Junta de Andalucía, tirar, tirábamos. Incluso consiguió juntar para comprarse un Vespino negro de segunda mano. Era su primer vehículo propio. A mí me fascinaba aquel ciclomotor, porque todo él significaba una nueva etapa con mamá. Me maravillaba que tuviera pedales, además de las dos flamantes rayas rojas que decoraban su parte trasera. Un papel pegado con números pintados que quería parecer una matrícula, aunque matriculada no estaba, remataba el ciclomotor.

Apenas unas semanas tardó mi madre en echarse un novio. Un conocido del barrio de toda la vida. Se llamaba Rafael y le decían el Chino porque tenía los ojos rasgados. Era un hombre grande y alegre que parecía ansiar una existencia estable tanto o más que mi madre. No me costó concederle mi visto bueno, tanto por la simpatía que gastaba a raudales conmigo como por el resplandor que mamá emitía cuando se encontraba junto a él. Nadie que conociera al Chino podría decir que no tuviera un gran corazón. Enorme si me preguntaran a mí, pero a veces el Diablo más peligroso se esconde detrás de las mejores personas. Rafael se dedicaba al menudeo de drogas en la plaza del Pumarejo, negocio este que se le daba bastante bien, ya que tenía una gran facilidad para hacer sentir cómodo al comprador, utilizando una camaradería que lograba despojar a la transacción de cualquier tipo de carga siniestra que pudiera tener. Era un imán para los clientes novatos que se sentían seguros con él.

Aunque Rafael también consumía su propia mercancía, siempre mostró un profundo respeto por la decisión de mi madre de no querer hacerlo. Incluso la admiraba por ello, ya que había visto acartonarse por dentro hasta la muerte a varios amigos suyos debido a la heroína. Por aquellos años, en Sevilla aquel veneno negro ya formaba un terrorífico tándem asesino junto al sida. Él siempre decía que se podía fumar caballo o consumir cocaína siempre y cuando se hiciera «con cabeza».

Mi abuela no veía bien aquella nueva relación y martilleaba de manera incesante a mi madre con que aquel hombre no le convenía. Le decía que la iba a arrastrar de nuevo a la mala vida, pero su hija no le hacía el más mínimo caso. En realidad, mi madre nunca le hacía caso a nadie.

—Vas a acabar igual o peor que antes. Si te conoceré yo —decía mi abuela.

—¡Anda ya, mamá! Parece que lo estés deseando.

—¿Cómo voy a estar deseando eso, niña?

—No paras de decírmelo.

—Porque te estoy viendo y te estás metiendo otra vez en lo mismo. Y después me dirás que me quede yo con la niña.

—Tú tranquila. No te vayas tú a preocupar por eso que la niña se viene conmigo.

Este tipo de conversaciones eran las que yo presenciaba día sí y día también en el pequeño saloncito, que parecía más un recibidor que otra cosa.

Diciembre del año 90

Cuando la ciudad comenzaba a prepararse para otra Navidad, por fin tuvimos nuestro piso vacío. Recibí la noticia un sábado por la mañana, mientras mi abuelo y yo veíamos a la Xuxa cantar en Telecinco para todos los niños de España. Yo no perdía detalle de aquella retransmisión, porque pretendía aprenderme la letra y el baile de la canción de la cantante brasileña, pero mi abuelo no parecía compartir ese entusiasmo conmigo. Oí el pito del Vespino sonar desde la puerta de la casa y, cuando salí, vi a mi madre y a Rafael en la moto. Mi madre era la que iba de paquete.

—Vamos, Chati. Que ya está nuestra casa libre.

Mi madre y el Chino, tras una emocionante conversación llena de buenos propósitos, habían decidido comenzar una vida juntos donde el amor y la responsabilidad fueran los pilares y, para lo cual, ambos me aguardaban en la puerta de casa de mi abuela. A mí y a mi hermano José. Yo entonces, habiendo guardado mis pertenencias en una pequeña mochila, llamé a mi hermano y, al ver que no llevaba encima su equipaje y observar su semblante serio, le dije:

—Venga, José, haz la maleta que nos vamos a casa.

—Yo no voy, Rocío.

—¿Cómo?

—Que no voy. Yo me quedo con los abuelos.

—¿Ah, no?

—No.

—¿No quieres vivir con mamá?

—No.

—Y eso, ¿por qué?

—Porque no. No me gusta.

—Bueno, pues haz lo que quieras, yo sí me voy con mamá —dije tragándome la pena.

Entonces mi abuela, que estaba escuchando desde la cocina, salió a mi encuentro y, señalándome con el dedo, me espetó:

—Rocío, tú verás.

—¿Yo veré qué?

—Deberías hacer como tu hermano.

—¿Quedarme a vivir aquí? —pregunté sorprendida por aquella inesperada proposición.

—No, aquí no. Supongo que puedo volver a pedirte plaza en el internado.

—Yo allí no vuelvo.

—Pero…

—Ni aquí tampoco. Yo me voy con mi madre.

—Te vas a arrepentir.

—Me da igual.

—Rocío, escúchame bien lo que voy a decirte. —Yo dejé la mochila en el suelo—. Yo no voy a estar con el cachondeo este de entrar y salir de mi casa cada vez que tu madre y tú queráis. Que sepas que, como salgas por esa puerta, a esta casa no vuelves. Piénsatelo bien.

Pero yo ya lo tenía pensado y, con aquellas palabras de mi abuela cinceladas en el pecho, me colgué la mochila y me fui con mi madre. Y con Rafael, el Chino.

Cuando abrimos la puerta de nuestro bajo, nos echó para atrás un fuerte olor a cerrado. Parecía como si la inquilina hubiera restregado su esencia por las paredes. Rafael subió las persianas hasta arriba y dejó la puerta abierta para airear, mientras mi madre iba revisando el resto de la vivienda viendo lo que la otra se había dejado. Una mesa de camilla en el salón, un par de sillas, una hornilla de butano en la cocina, un par de camas (una por cada habitación) y poco más. El piso parecía aún más pequeño de cómo lo recordaba, pero para nosotras dos y el Chino nos bastaba.

Con lo que sí que no contábamos era con que en una esquina de la cama del que sería mi dormitorio, enroscada sobre sí misma, entre vigilante y asustada, el ser más noble que pueda existir aguardaba a ser descubierto. Así, como un regalo, fue como el destino me presentó a mi perra. Su pelo, que era del mismo marrón claro que mi piel, sus ojos dignos y suplicantes al mismo tiempo, y sus orejas grandes y puntiagudas supusieron un flechazo para mí. Cuando le dije a mi madre que me la quería quedar, ella, sin sorprenderse, me contestó haciéndose la dura de broma:

—Pero yo no pienso hacerme cargo de la perra, ¿eh? La cuidas tú, ¿está claro?

—¡Claro!

—Bueno, si es así, vale… —decía mientras la acariciaba—. ¿Y has pensado cómo la vas a llamar?

Después de sopesarlo solo unos segundos, pero

tomándome muy en serio tan trascendental responsabilidad, decidí utilizar el nombre de mi perra para homenajear a María da Graça Xuxa Meneghel, más conocida como Xuxa, la cantante.

—Se va a llamar Susi, como la Xuxa, pero en perra.

Desde aquel instante ningún recuerdo existe en mi memoria donde Susi no esté a mi lado. Amándonos, descubriéndonos, cuidándonos.

El patio de vecinos también se había empequeñecido y ya no tenía macetas. Me percaté de ello en cuanto salí al mismo mientras mi madre y Rafael aún repasaban todo lo que había que hacer para adecentar la vivienda. De la puerta que teníamos enfrente, pero en la primera planta, salió mi tía Ángela con mi primo Sergio de la mano, la cual se asomó al patio y desde allí se dirigió a mi madre.

—¡Niña! ¿Ya os venís entonces o qué?

—¡Sí, estamos mirando las cosas que hay que arreglar, pero ya nos venimos! —contestó mamá saliendo con Rafael del bajo.

—¡Hola, tita! —saludé.

—¡Hola, guapa!

Entonces, al oír las voces, se asomaron por las ventanas y puertas, como ratoncillos, mis primos, los de la tita Ángela y el tito Antonio, que se llamaban igual que ellos: la Angie y el Antoñito. Después sus cabezas se escondieron y bajaron corriendo a vernos. La tita también bajó, pero andando.

—Qué, ¿cómo ha dejado la vieja el piso? —preguntó antes de percatarse de la presencia de Rafael—. Hola, Rafael, que no te he dicho nada.

—Pues hecho una mierda, con cuatro cosas viejas. Pero nos apañamos —contestó mamá.

—¡Y con Susi! —corregí yo, levantando a la perra para mostrarla. Mis dos primos abrieron mucho los ojos y se abalanzaron a tocarla y manosearla mientras ella se dejaba, gustosa. Se notaba que la habían acariciado poco.

A los pocos minutos entró por el portón del patio mi tito Antonio. Era tan alto como Rafael. Me revolvió el pelo, chocó la mano con el Chino y le dio un abrazo a mamá.

—¡Eh! ¡Hermana! ¿Qué pasa? Vengo de casa de los padres, de ver a papá, y me ha dicho que te mudas ya, ¿no? ¡Ya somos vecinos otra vez!

—Sí, por desgracia —dijo mi madre con guasa.

Mientras todos reían, yo me di cuenta de que el bolsillo de mi tito Antonio estaba abultado. Era un bulto rectangular. Me asomé un poco y me pareció ver que lo que tenía era un transistor. El transistor de mi abuelo, para ser exactos. Muchas de las veces que iba a casa de mis abuelos les robaba algo. Él adoraba a mi abuelo, pero no lo podía evitar. Casi todas las peleas que tenía con mi tía Ángela o con mi madre eran por lo mismo. Es fácil imaginar el destino de aquel transistor: una manta en el suelo del mercadillo de la calle Feria, al siguiente jueves.

Después bajó mi tío Enrique, iba tan bien peinado como siempre. Tenía un litro de cerveza en la mano y en los colores de sus mofletes se podía leer que no era el primero de la mañana.

—Manoli, ¿qué pasa, hija? ¿Cómo estás? —dijo mientras daba dos besos a mi madre con cierta solemnidad.

—Hola, Enrique. A ti iba yo a buscarte, precisamente —contestó ella.

—Pues ya me has encontrado.

—Para que te enseñe Rafael las cuatro cosas que hay que arreglar en el piso, a ver qué se te ocurre.

—Claro, vamos ahora, si quieres.

—Vale.

Dicho y hecho, entró con Rafael en el piso saliendo ambos al poco rato para ir a robar los materiales necesarios de cualquier otro sitio. Esto era bastante simple, ya que en aquellos días las obras de la isla de la Cartuja, con motivo de la inminente Expo 92, abastecían a mi tío y a casi todo el bloque de materiales de construcción para sus chapuzas domésticas de manera ilimitada.

Después bajaron también mi tita Juli con sus hijos, mis primos Enrique y Silvia. Enrique tenía cuatro años más que yo y Silvia más o menos mi edad.

—Anda, mira quién aparece por aquí —dijo mi madre.

-Hola, tita —contestaron mis primos.

Entonces, dejé un momento a la Susi en el suelo, y empecé a regar de abrazos y besos a todos. A los pocos minutos, los niños ya estábamos jugando como si no hubiéramos dejado de hacerlo en los últimos cuatro años. Mi nueva vieja vida estaba dando comienzo y este se presentaba ilusionante.

CAPÍTULO 7

1.991, un año para la Expo

Tal vez las ganas, más bien ansias, que los tres teníamos por llevar una vida como Dios manda fuese el factor determinante para lograr establecer ciertas rutinas familiares con la rapidez y la facilidad con la que lo hicimos. Yo acudía al colegio casi todas las mañanas, y alternaba las tardes entre pasarlas con cualquiera de mis primos o hacerlo visitando la casa de mi amiga Ana. Esto último nunca era nada premeditado, solo iba actuando según me lo pidiera el cuerpo. Lo que sí era una constante es que, hiciera lo que hiciera, mi perra siempre venía conmigo.

Mamá estaba irreconocible si se la comparaba con la mujer que entró en prisión hace cuatro años. Su disposición para trabajar de manera honrada era firme y, aunque es cierto que no abandonó de manera definitiva los actos ilegales, sí que los limitó a participar solo en aquellos que supusieran una oportunidad tal que sería de tontos dejarla escapar. Nada más. La mayor parte del día se la pasaba sobria, excepto algún que otro picoteo cuando salía de cervezas con su hermano Antonio y Ángela. Nada más. Incluso la pude ver con mis propios ojos haciendo un puchero, lo cual es significativo porque odiaba cocinar. Nunca antes la había visto hacer algo que ella no quisiera hacer.

La forma pausada de entender la vida que tenía Rafael el Chino también supuso una pieza clave para alcanzar la tranquilidad que imperó en aquel bajo de Arrayán treinta y dos. Nunca trabajaba de noche, ya que tenía unos horarios de venta muy establecidos y estos eran diurnos porque siempre dijo que se sentía menos vulnerable bajo la luz del sol. Por este motivo no se le podía encontrar en el Pumarejo más allá de las siete de la tarde, hora en la que regresaba a casa para estar con nosotras, con el bolsillo repleto de billetes sucios y arrugados. Por lo demás, salvo alguna bicicleta hurtada de alguna farola para pintarla y sacarle cuatro duros, nos manteníamos más o menos en la legalidad. Nada más.

Del treinta de marzo del 91 hasta principios de junio

Una tarde, caminábamos matando el tiempo la Angie, el Antoñito, la Susi y yo por las calles del barrio, pateando latas de Fanta y naranjas agrias, cuando les conté a mis primos:

—¿Sabéis qué? Ayer me comí un puchero.

—Vaya cosa —replicó Antoñito.

—Pero es que lo había hecho mi madre.

—¿Tu madre? Pero si ella no cocina. —Se extrañaba mi prima Ángela, que había visto a mi madre infinidad de veces subir a su casa a por comida.

—Seguro que fue a nuestra casa, le pidió un táper a mi madre, lo llevó a tu casa y tú te has creído que lo hizo ella —dijo el Antoñito en un burdo, pero eficaz, intento por ofenderme.

—¡Que no, que lo hizo ella!

—No me lo creo.

—Pues eso es porque tú eres tonto.

—Más tonta eres tú, con la cara que tienes.

—Pues rebota, rebota y en tu culo explota.

Mi prima no pudo contener la risa, cosa que hizo enrojecer a su hermano, que decidió buscar otro tema que desviara nuestra atención. Sin dejar de caminar, se fijó con esmero en las calles y en las fachadas de los comercios buscando algo que le sacase del atolladero y acabó encontrando petróleo. Cuando giramos la esquina y entramos en la calle San Julián, centró su atención en el taller de coches que se ubicaba allí, señaló a uno de los mecánicos, uno que no tenía un solo pelo en la cabeza, y nos anunció:

—¡Mirad, un calvo!

—Ja, ja, ja… Es verdad, está calvo, pero calvo —dije yo sin disimulo ninguno.

—Ja, ja, ja… ja, ja… ¡Es que no tiene ni un pelo!

Volvió a decir el Antoñito elevando el tono. Tanto que el mecánico comenzó a mirarnos de reojo, sospechando que estaba siendo el objeto de nuestras burlas. Mi prima Ángela, prudente y sensata, nos quiso parar.

—¡Callaos que os va a oír! —nos suplicó.

—¡Pues que nos oiga, el calvo! —medio grité, ante las carcajadas de mi primo y la descomposición de cara de mi prima—. ¡Yo creo que está tan calvo que ni nos oye! —continué.

—¡Cállate, Rocío!

El hombre ya se había dado cuenta de que nos estábamos metiendo con él y comenzó a acercarse a nosotros con la intención de darnos una lección que no olvidáramos. En aquel instante mi prima nos abandonó y emprendió la huida hacia su casa, no estaba dispuesta a pagar por algo en lo que ella estaba en total desacuerdo. Antoñito y yo mantuvimos las posiciones. Quien más aguantase sin moverse se proclamaría vencedor de aquel duelo, así lo decidimos sin decirlo y así se convirtió instantáneamente en ley. Entonces el hombre alopécico nos espetó desde unos diez metros:

—Niños, ¿os estáis cachondeando de mí o qué?

—No, no… —dijo el Antonio—. Lo que pasa es que eres un… ¡calvo!

—¡Eso! —dije yo poniéndome roja como un tomate de lo fuerte que lo grité—. ¡Calvooo!

—¡Calvo! —repitió mi primo.

—¿Por qué no os vais a reíros de vuestra puta madre? —nos decía sin parar de acercarse, cada vez más cabreado y con los puños cerrados.

—Porque no nos da la gana. ¡Calvo! —respondí. La Susi, mientras, nos observaba y yo creo que también se divertía.

—¿A qué voy para allá y os quito las tonterías a hostias?

—¿Vas a venir? Ven, perrito, perrito, ven, Tobi, vamos, ven, perrito.

Le dijo mi primo mientras le lanzaba besitos. Aquello fue la gota que colmó el vaso y el hombre, con el instinto homicida incrustado en el rostro, comenzó a correr hacia la esquina en la que nos pitorreábamos de él. Nosotros, muertos más de risa que de miedo, también corríamos mientras comprobamos con hilaridad la tozudez de aquel mecánico, que seguía galopando en un intento vano de darnos caza hasta que, llegando a Ronda de Capuchinos, resoplando de cansancio, desistió y se volvió al taller. Nosotros tres, niños y perra, continuamos dos manzanas más por la avenida para sentirnos totalmente fuera de peligro. Por fin nos detuvimos a celebrar nuestro importante descubrimiento: el de un hombre calvo que, si te metías con él, te perseguía. Como dijo mi primo, era como jugar a tú la llevas, pero que siempre la quedaba el calvo. A partir de aquel momento nos convertimos en la peor pesadilla de aquel mecánico y, cada vez que nos aburríamos, acudíamos al taller de la calle San Julián para hacerle correr. Nos impresionaba que siempre picara. A sus compañeros, al principio, les hacía gracia, pero con el tiempo optaron por recomendarle que no nos hiciera caso, que solo éramos unos niñatos y que cuanto más nos persiguiera, más íbamos a ir. ¡Qué razón tenían!

Pasaron las semanas y mi primo Antonio, sin más intención que la de hablar de algo, se lo contó a algunos amigos suyos, que no dudaron en comprobar por sí mismos el subidón de adrenalina que suponían aquellos Sanfermines particulares que habíamos improvisado. Estos, a su vez, llamaron a otros, y estos a otros, y cuando nos quisimos dar cuenta, todos los niños del barrio la habían tomado con el hombre del taller. Se convirtieron en habituales los grupos de diez o quince chavales procesionando hacia San Julián, y después verlos correr partiéndose de risa en sentido contrario con el calvo pisándole los talones. De vez en cuando pillaba a algún infeliz y le daba dos guantazos. Eran bajas necesarias. Mi primo y yo nos sentíamos muy orgullosos de nuestra creación, pero con el tiempo terminamos por aburrirnos y dejamos de ir. No sé cuánto tiempo más duró aquella tradición.

Veintiuno de junio del 91

Ya llegó el verano. Como Sevilla carece de playa, mamá, el Chino y yo nos montábamos en la Vespino y poníamos rumbo a la piscina municipal de San José de la Rinconada. Conducía Rafael, mi madre iba detrás y yo delante, de pie entre sus rodillas de manera que me parecía que era yo la que manejaba. Estos trayectos en moto me enseñaron que me gustaba viajar.

Un día cualquiera, ya en el interior del recinto de la piscina, yo salía del agua y fui donde estaban ellos, tumbados en el césped dándose un bronceado de sol con cloro. El Chino estaba recostado de lado sujetándose la cabeza con la mano y con el codo apoyado en el suelo; mi madre descansaba bocarriba utilizando a Rafael como almohada y con las piernas cruzadas. Yo me coloqué al lado de mamá, intentando parecerme a ella lo máximo posible. Las gotas de agua en su piel parecían joyas diminutas. De aquella abstracción hipnótica me sacó la gravedad del tono de la conversación que los dos adultos mantenían.

—Pero esta vez va a ser distinto, mujer —decía Rafael, queriendo convencer de algo a mi madre.

—No lo sé, la verdad... Una cosa es un trapicheo de vez en cuando y otra meternos de cabeza otra vez. Que ya sabes lo que pasa, Rafael, que ya sabes lo que pasa...

—¡Ay, hija! Si teniendo cuidado no tiene por qué pasar nada. Yo sigo vendiendo y aquí estoy. Si solo es cuestión de tener un poco de cabeza.

—Hasta que un día pasa. Y créeme que un día pasa, Rafael.

El Chino sopesó una respuesta durante unos segundos. Yo tenía una oreja pegada a ellos y los ojos fijos en el recorrido de una gota que se encontraba en el muslo de mi madre, la cual se había quedado colgando del mismo resistiéndose a caer.

—Además lo que yo estoy diciendo es otra cosa, Manoli. No se trata de ponernos a pelearnos por la clientela con los cuatro colgaos de la calle. Es diferente.

—¿Diferente por qué? Vender es vender.

—Porque te estoy diciendo que he conseguido un contacto. Uno importante. Uno de los que no tiene nadie. Recogeríamos la mercancía directamente del narco gordo, el de verdad, en las Tres Mil.

—¿Y eso qué tiene que ver?

—Pues todo, hija, todo... Sin intermediarios, la vendemos al mismo precio, pero le sacamos el doble o el triple. No tendríamos que estar en una esquina todo el día, sino que el negocio estaría en nuestra casa. Y solo por las tardes.

—¿Solo las tardes? —se interesó mi madre.

—O por las mañanas, si eso da igual. Digo que si estamos menos tiempo vendiendo también tenemos menos riesgo.

—Eso sí —contestó mamá con aire reflexivo.

—Piénsatelo. Más dinero, por menos tiempo.

—No sé yo... Nadie da duros a cuatro pesetas.

—¡Claro que no! Pero no es un regalo. Es una oportunidad, que no es lo mismo.

—No sé, no sé...

—Y es gracias a que yo ya llevo mucho tiempo haciendo bien las cosas en el Pumarejo y me he ganado la confianza como para que me pasen directamente el teléfono de esta gente. A todo el mundo no se lo dan, no te vayas a creer.

Mi madre no contestó porque estaba pensando, solo se acomodó y se puso de lado, aplastando a la gota indecisa. Entonces yo me fui al agua otra vez. Me habían entrado unas ganas terribles de tirarme a la piscina de cabeza.

CAPÍTULO 8

La ventaja de vivir en un bajo es que el piso no era demasiado caluroso, pero, aun así, el verano en Sevilla carece de compasión y es capaz de derretirte hasta las ideas por mucho que te intentes esconder. Por este motivo me alegré tanto cuando mamá y Rafael aparecieron por el vano de la puerta portando tres ventiladores de última generación. Uno para el salón y los otros para cada uno de los dormitorios. Yo solía enchufarlos a toda potencia y me los dirigía directamente a la cara. Así conseguía mantenerme fresca, además de que me divertía escuchar mi voz cuando hablaba directamente al centro de la hélice. Parecía la de un robot. A los ventiladores le siguieron una lavadora, un televisor, una minicadena con lector de CD y doble pletina, una vitrocerámica, un sofá de tres plazas, un sillón bueno, dos camas ergonómicas y varios objetos decorativos que hacían de nuestro piso un lugar mucho más bonito. Por no hablar de mis juguetes: PinyPons, gusiluces, Barbies, cocinitas, tragabolas, muñecas que hacían pipí… de todo. Mi madre y Rafael estaban ganando mucho dinero. A los clientes del Chino no les costó nada cambiar de ubicación donde poder encontrar su mercancía y a estos se les sumaron otros tantos, debido a la excelente calidad que mi madre y él despachaban. Se traían la mercancía de las Tres Mil Viviendas y la cortaban muy poco. Les gustaba hacer las cosas bien. La

73

única contrapartida era que, de cuatro de la tarde a diez de la noche, mi casa era la receptora de un incesante goteo de yonquis viniendo a comprar cocaína y heroína, casi siempre. Entre la clientela había de todo, desde gente bien educada y vestida de forma impecable, a otros a los que hacía tiempo que las mínimas reglas de higiene personal dejaron de importarles. A veces incluso la misma persona podía venir un día de una manera y otro de otra. Sea como fuere, todos eran amables conmigo. Tanto que en ocasiones yo agarraba una mesita rosa de juguete y colocaba sobre ella, con suma delicadeza, mi juego completo de té (tacitas, tetera, azucarero y cucharitas) y cada vez que algún cliente cruzaba nuestra puerta, me daba igual la pinta que tuviera, yo, sentada en una sillita y adoptando una actitud lo más formal posible, le decía:

—Buenas tardes, caballero, ¿le apetece tomar una tacita de té?

—¿Eh? Dime. Perdona, hija, que no me he enterado —solían responder.

—Que si le apetece tomar el té conmigo.

—Pues…

—Vamos, hombre, no sea así. Mi madre tardará unos minutos mientras prepara lo suyo. Siéntese y relájese. Que se le ve nervioso.

—Em… bueno, venga.

Todos los clientes de mi madre y del Chino se veían en la obligación de hacerme la pelota, cosa que a mí me encantaba.

—¡Qué bien! Tome asiento, por favor.

—No, no… De pie, aquí.

—De ninguna manera. El té se toma sentado.

—Em…

Cuando veían que no me iba a bajar del burro solían resoplar, pero siempre accedían a sentarse a mi mesita.

—¿Cuántos terrones?

—No sé... Los que sean.

—¿Dos está bien?

—Sí, eso mismo...

—Aquí tiene.

Yo tenía que hacer titánicos esfuerzos por no reírme al ver a los yonquis a mi merced sin saber muy bien cómo portarse. Solo esperaban sentados en una minúscula silla de juguete con las rodillas casi en la cara y sosteniendo en sus manos, algunas negras y llenas de agujeros, mis delicadas tacitas blancas mientras me miraban ejecutar con la máxima pulcritud la ceremonia del té al estilo británico. Los que ya venían algo colocados solían ser mi mejor público. Al poco, aparecía mi madre o Rafael y mi víctima se levantaba aliviado y se llevaba su dosis con el propósito de dejarse de tonterías y chutársela en cualquier casa en ruinas o cajero automático.

Mismo mes

A mediados de julio se celebra la Velá de Santa Ana, en Triana, y mi primo Quique decidió llevarme a verla. Mi primo Quique, el de mi tita Juli y mi tito Enrique, era como un hermano mayor. Siempre quiso ser para mí una suerte de paraguas que me protegiera de las cosas malas que sucedían en nuestro entorno. Su método para lograrlo consistía en subirme al manillar de su bicicleta y llevarme lo más lejos que pudiera de la calle Arrayán. Él también huía, aunque nunca me lo reconoció.

En aquella ocasión no hubo bici, ya que acababa de caer un intenso tormentón veraniego y mi primo decidió no arriesgarse a cogerla, así que fuimos andando. Aquello no me importó y si lo hubiera hecho se me habría olvidado ver el colorido y la alegría de la seductora velá trianera. Me monté en los cacharritos, vimos la cucaña y nos hartamos de bailar con las actuaciones de las peñas flamencas del barrio. Hay que ver lo bien que le sientan unos farolillos a la calle Betis.

Cuando nos volvíamos, entrada la madrugada, el Quique me dijo que si quería ver algo superchulo a lo que yo accedí. Entonces, me guio por la orilla del río, paseo que en aquel momento se encontraba patas arriba, tanto por las megaobras que se estaban llevando a cabo en calle Torneo, como por la intensa lluvia de unas horas antes. Caminando y riendo a la vera de un manso Guadalquivir que servía de espejo a la luna, llegamos hasta la altura a la que iba a situarse la entrada a la Expo 92, pero por la orilla opuesta.

—Mira —me dijo señalando con el dedo—. Allí van a poner la Expo.

—¿La qué?

—La Expo.

—¿Y eso qué es?

Mi primo estuvo un rato pensando hasta que me miró y encogió los hombros. Por pura inercia, nos colamos en la zona restringida solo para trabajadores de la obra y comenzamos a pasear entre las imponentes máquinas dormidas y los materiales apilados hasta que, en un momento dado, quedé maravillada ante un inesperado descubrimiento. Tres montañas enormes de tierra, una al lado de la otra, se alzaban ante nosotros, como si fueran pirámides egipcias. El Quique, dándose cuenta de lo mucho que me impresionaron aquellas moles, me dio un codazo y salió disparado para escalar una de ellas e intentar conquistar la cima. Yo le seguí sin pensármelo y cuando estuve a su lado le propiné un empujón tan fuerte que se fue rodando, haciendo la croqueta hasta abajo. Se puso de barro hasta las cejas. Cuando se levantó y me vio partiéndome de risa, me dijo:

—¡Ahora verás!

Y comenzó una nueva escalada con el fin de darme caza. Yo comencé a correr, pero no lo suficiente, ya que me alcanzó y me pagó con mi misma moneda. Ahora fui yo la que acabó enfangada entera. Estuvimos un rato más jugando a las peleas y corriendo por aquellas dunas gigantescas hasta que una de las montañas se hartó de nosotros y me atrapó un pie.

—¡Primo! Que se me ha hundido el pie en el barro.

—Pero ¿qué dices, loca?

—Que sí, que sí. Mira —le dije al tiempo que intentaba sacar la pata a tirones.

—Tira fuerte.

—Ya, pero es que no sale.

—A ver, espera.

Me cogió entonces por debajo de los brazos y dio un tirón tan fuerte que ambos caímos de espaldas. Yo estaba liberada, pero mis zapatos habían sido engullidos por la montaña. Por más que Enrique intentó recuperarlos, no hubo manera.

—¿Y ahora qué hago? —pregunté durándome aún la risa floja.

—Pues… —decía él mientras valoraba la situación. Miró en dirección a nuestro barrio y, después, a mis pies. Siguió haciendo sus cábalas. Finalmente se decidió:

—Anda, sube.

Concluyó al tiempo que me ofrecía su espalda para llevarme a caballito. Durante los primeros metros los dos bromeamos con la situación, pero, a partir de la mitad del camino, bordeando la Alameda, mi primo ya tenía que gestionar el aliento y solo me reía yo. De vez en cuando, él maldecía y farfullaba, pero en ningún momento permitió que mi pie desnudo tocara el suelo para que no me lastimara.

Cuando entré en mi casa, el barro ya se había secado y las costras de tierra seca se me habían ido desprendiendo poco a poco.

—¡Mamá! —dije con un grito al ver que la luz de su dormitorio estaba encendida. Nadie me respondió. Llamé también a Rafael, pero tampoco recibí respuesta. Cuando me asomé al cuarto de mi madre la vi dormida encima de la cama, Rafael no estaba.

—¡Mamá! —volví a decir, pero nada—. Mamá, mira, he perdido los zapatos. ¡Mamá! —la zarandeé un poco y después algo más fuerte, pero solo conseguí que dijera algunas incomprensibles palabras y se acurrucara sobre sí misma sin llegar a abrir los ojos. Me fijé en su mano y vi un pequeño trozo de papel de plata ennegrecido en su centro y un tubo medio arrugado, del mismo material. Con cuidado, se lo retiré de la mano y lo puse en la mesita de noche. Le di un beso en la mejilla, le crucé los brazos al pecho y me acosté a su lado. Antes de cerrar los ojos, llamé a la Susi para que subiera con nosotras también a la cama. Cerré los ojos, pero en lugar de dormirme me invadió un súbito terror a que mi madre comenzara a flotar y volando se alejara de mí para nunca volver. Entonces levanté mi pierna, llena aún de costras de barro, y se la coloqué encima con la intención de agarrarla con tanta fuerza como la de aquella inmensa montaña de lodo que me había robado los zapatos.

CAPÍTULO 9

Primera semana de septiembre de 1.991

El verano ya iba recogiendo sus cosas cuando Rafael cayó en las garras de la policía. Una patrulla lo interceptó en la avenida de las Letanías, saliendo cargado de la zona de Las Vegas, en las Tres Mil Viviendas. Le encontraron un cuarto de kilo de cocaína y otro tanto de heroína en una bolsa de plástico, que sujetaba con los pies en el Vespino cuando le dieron el alto. Mamá se libró por los pelos, ya que aquella mañana decidió esperar a Rafael tomando un café y una media con york en un bar de la zona donde se desayunaba muy barato.

—Anda, Manoli, si estás esmayá. Tú quédate desayunando que yo me traigo eso en un momentito y ya me tomo un café contigo. No tardo nada.

Fue lo último que el Chino le dijo a mi madre aquella mañana, en la que solo pudo limitarse a mirar desde lejos cómo se llevaban a Rafael esposado en el patrullero. Por fortuna, los agentes, que tampoco habían desayunado aún, no le hicieron caso a la Vespino y mi madre pudo rescatarla y volver así a la Macarena.

Los controles antidrogas habían proliferado mucho durante aquel año.

—Eso es por lo de la Expo —le dijo el tito Antonio a mi madre cuando se lo contó. Se encontraban bebiendo un litro de cerveza con dos vasos en la única mesa que había en el bar de Félix, una pequeña taberna en la esquina de Arrayán con San Luis. Yo una Fanta de naranja—. Hay policías por todas partes.

—Pues es una putada —replicó mi madre pensativa. Siempre había dado por hecho que en el caso de que alguien hubiera terminado en la cárcel, habría sido ella.

—Y cómo te vean un poco ciego o con pintas raras, te registran en medio de la calle.

—¡Puf!

—Y no te resistas, porque te calientan bien. Si te tienen que partir un hueso, te lo parten.

—¡Joder!

Mi madre iba contestando, pero estaba como ida, con la mirada clavada en el Gambrinus de la etiqueta de la cerveza. Aunque sabía que era una tontería, mientras lo miraba no podía evitar pensar «¿De qué coño se ríe ese gordo cabrón?».

—Oye, y tú ahora… ¿Qué vas a hacer? —preguntó Antonio poniéndose serio y sacando a mi madre del pequeño trance.

—¿Qué voy a hacer de qué? —contestó ella mientras aterrizaba.

—Ahora que el Chino está en la cárcel, digo. Seguramente le caigan cuatro años o más…

—Ya… Pues no lo sé, la verdad. Ha sido un palo gordo. Estábamos de puta madre y de repente pasa esto.

—Pero ¿vas a cortar con él o vas a seguir? —Mamá lo miró mientras rebuscaba la respuesta correcta por los rincones de su cerebro.

—¡Yo qué sé!

—Pues tienes que saber, hermana, tienes que saber…

—Ya, ya… —Hizo otra pausa—. Pues seguiré, supongo.

—Ah.

—Iré a verlo los sábados y ya me irá contando cuánto tiempo le va cayendo y eso.

Yo me alegré de que mamá no tuviera la intención de

dejar a Rafael. Al fin y al cabo, el pobre debía estar pasándolo mal allí en prisión. Al pensar en su soledad me abordaron de manera repentina sensaciones del internado que creía enterradas para siempre. Por otro lado, no entendí por qué mi tío realizó esa pregunta, ¿qué tendrá que ver que uno esté en la cárcel para que te dejen de querer? El tiempo que estuve separada de mi madre, no solo no dejé de quererla, sino que mi amor se intensificó mucho más.

Yo anduve aquellos días muy apenada. Rafael había sido lo más parecido a un padre que hubiera tenido y ante su ausencia me di cuenta de que su carácter alegre no solo era una columna importante de nuestra familia, sino que se trataba de la misma cimentación. Para mi madre fue algo más profundo que un simple momento triste. Significaba abandonar un planeta asequible y tranquilo para entrar en otro, cuyas reglas físicas le eran completamente desconocidas. Si el Chino le faltaba se veía desorientada. Mamá contaba con la fortaleza suficiente como para remar hacia delante en medio de la tempestad con el viento en contra, pero necesitaba un faro que la guiara para no adentrarse más y más en el oscuro océano y no ser engullida por completo.

Cuando terminamos las bebidas, nos levantamos los tres y mi tito Antonio se dirigió a Félix, que estaba limpiando la máquina de café tras la barra.

—Félix, nos vamos. Apúntame esto y mañana te lo pago, que no llevo suelto.

—Eso no puede ser, Antonio. Me debes la de ayer.

—¿Ayer?

—Sí, que viniste por la mañana, te tomaste una aquí y te puse dos para llevar. ¿No te acuerdas?

—¡Hostia, es verdad! —dijo mi tío haciéndose el sorprendido—. Qué cabeza. Se me había olvidado por completo.

—No pasa nada. Yo te lo recuerdo.

—Anda, toma —dijo metiéndose la mano en el bolsillo del vaquero y sacando un puñado de monedas. Después las puso encima de la barra dando un golpe más fuerte de lo necesario—. Cóbrate.

Félix contaba paciente las monedas separándolas de una a una con el índice. Se las quedó casi todas, menos dos de veinticinco pesetas.

—Esto te sobra, Antonio.

—Venga, pues hasta luego —respondió al tiempo que devolvía las cincuenta pesetas a su bolsillo.

—Adiós.

Mamá y yo también nos despedimos de Félix y salimos de la tasca. Nadie le discutía a Félix. Si te decía que le pagaras, le pagabas. Si te echaba del bar por estar demasiado borracho o estabas armando bronca, te ibas sin enfrentarte a él, porque hacerlo significaría enfrentarte al barrio. Este estatus del que disfrutaba aquel camarero de camisa blanca y pantalón negro no lo alcanzó Félix mediante el atajo de la intimidación, sino que llegó a él a través del camino largo. El de la paciencia y el respeto. A su bar acudían todos los camellos y traficantes de la zona. Algunos incluso lo usaban de punto de encuentro con sus clientes. Se hacían más negocios en esa taberna y se movía más dinero que en todas las oficinas de la avenida de República Argentina juntas. Félix no se metía. Intentaba no ver y si veía no decía nada. Él cumplía con su cometido, que era subir la persiana para servir bebidas, tostadas, serranitos y ya está. Aquello no significaba que fuera un pusilánime, ni mucho menos. Tenía sus reglas y había que respetarlas: la primera era que te dejaba fiar una única vez, nunca acumulaba deuda a nadie, ya fuera mi tío Antonio o Al Capone. La segunda regla era que no permitía escándalos en su bar. Y la tercera que cuando decía que cerraba, cerraba y te tenías que ir. Por lo demás, dejaba hacer, siempre que existiera el necesario disimulo. Nadie tuvo nunca un problema con Félix, y eso que abundaba la clientela problemática. Hablaba poco y cuando lo hacía nunca tenía una mala palabra para nadie. El bar de Félix era una institución en aquel barrio conflictivo y si alguien hubiera dicho de cambiarle el nombre a la calle Arrayán por el de «Bar de Félix», habría recibido el total apoyo vecinal.

Cuando salimos de allí mamá me dijo que tenía que ir con el tito Antonio a un sitio y ambos se marcharon sin darme opción a protestar. Susi y yo nos quedamos entonces sin saber qué hacer y comenzamos a caminar. Sin darme cuenta nos dirigimos a la calle Feria. Me encantaba esa arteria. Llegaba al mercado y me sentaba en un escalón de la calle con Susi mientras veía salir a las señoras con los carritos de la compra llenos hasta arriba. También solía ocupar el tiempo mirando el escaparate de una tienda de fotos que prometía el revelado de los carretes en solo veinticuatro horas. Me gustaba mirar los retratos que tenía expuestos el dueño, ya que eran de niños del barrio vestidos de comunión o posando para su primera foto de carné y a casi todos los conocía de vista. ¿Cómo lo habrían hecho para estar ahí?

Continuamos bastante tiempo caminando, hasta que llegamos a una zona de calles pequeñas por las que también disfrutaba perdiéndome. En una de estas, la calle Lira, solía ver sentado en la puerta de su casa al señor Andrés, un hombre muy mayor cuyo cuero cabelludo soportaba un compacto y abundante cabello blanco que le nacía justo encima de las cejas. Tenía la cara tan arrugada que apenas podía diferenciarse el orificio de la boca, y solo resaltaban dos pequeñas bolas brillantes y vivas que miraban con desconfianza.

Yo había observado que tanto mi abuela, mi madre o mi tía, cada vez que se cruzaban con él, evitaban saludarle. Yo no lo conseguía entender, ya que nunca lo vi meterse con nadie.

—¡Anda, mira quién está aquí! —dijo al verme aparecer—. Y qué perro tan bonito.

—Es una perra —corregí.

—Ah. Pues es muy bonita.

—Se llama Susi.

—¿Susi? Pues también es un nombre bonito.

—Sí.

—¿Me la enseñas?

—Vale —dije cogiendo a Susi en brazos y llevándola junto a él.

Yo desconocía el motivo, pero este señor solo entablaba conversación conmigo cuando iba sola. Si no era así, me miraba, pero no me dirigía la palabra.

—Vaya… sí que es bonita, sí… Je, je, je… y cuéntame, Rocío, ¿cómo estás?

—Pues bien, normal.

—Vaya, vaya…

Mientras decía eso, me iba palmeando el trasero. Yo notaba cómo en cada palmada hacía una ligera presión, un pellizco suave. Yo lo tenía como una muestra excéntrica de cariño, pero aquel día todo lo sentí más extraño de lo habitual. Forzado, podría decir. Aquel hombre quería tocarme a toda costa.

—Y cuéntame… ¿has empezado ya el cole?

A esta pregunta no llegué a responder porque no pude evitar centrar mi atención en su otra mano. Sin decir nada, la puso en mi pierna derecha. Yo llevaba un vestido de falda, cosa que aprovechó para empezar a acariciarme el interior del muslo deslizando su dedo índice de arriba abajo. Cuando se dio cuenta de cómo yo miraba aquello, me preguntó.

—No te molesta que te haga cosquillitas, ¿verdad?

Yo solo subí los hombros. No entendía por qué habría de molestarme. Nadie me había hecho eso nunca, pero doler no dolía, así que supuse que no tenía motivo para quejarme, aunque empezaba a sentir algo apestoso en todo aquello que no lograba identificar. Como yo no puse inconveniente, él no dudó en subir la mano hasta ponerla encima de mis bragas, donde siguió moviendo el dedo.

—¿Por qué haces eso? —le pregunté.

—¿El qué?

—¿Por qué me tocas ahí?

—¿No te gusta? —Susi gruñía de manera gutural sin quitarle ojo al señor Andrés.

—Es que…

Entonces, antes de que pudiera articular palabra, escuché una voz femenina que gritando pronunciaba mi nombre. Giré la cabeza para ver de quién se trataba. El señor Andrés retiró la mano rápidamente. Era Mayka, una prostituta cliente y amiga de mi madre.

—¡Rocío!

—¡Hola, Mayka! —grité levantando la mano y sintiéndome rescatada de no sabía qué.

—¡Rocío, ven!

Yo fui. Susi me siguió. Entonces Mayka me cogió de los hombros y me dio un par de vueltas inspeccionándome de arriba abajo. Después me preguntó:

—¿Te ha hecho algo ese guarro?

—No… bueno… creo que sí.

—¿Te ha tocado ahí? —inquirió señalando mi entrepierna.

—Sí.

—¡Me cago en su puta madre!

—¿Por qué?

—Vamos a ver, Rocío. Tú no te vuelvas a acercar a ese viejo asqueroso, ¿vale?

—Vale.

—Ese viejo es un guarro y te tienes que alejar de él, ¿estamos?

—Sí.

Entonces Mayka se dirigió muy decidida hacia el señor Andrés y vi cómo le decía algo amenazándole con el dedo. El señor Andrés solo subía las palmas de las manos, como si aquel dedo fuera una pistola. En un momento dado, Mayka le señaló la puerta de su casa y el hombre, obediente, cogió su silla, se metió dentro de la vivienda y cerró la puerta. Después Mayka vino de nuevo hacia mí visiblemente alterada.

—Vamos a ver, Rocío, si alguna vez ese puto guarro asqueroso te vuelve a dirigir la palabra, tú vienes y me lo dices, por favor, ¿vale?

—Vale.

—Pero me dices, ¿eh?

—Que sí, que sí. Que te lo digo

—Ea, pues vale… —Tomó aire. Sacó un cigarrillo de un paquete de Fortuna mentolado que guardaba en un minúsculo bolso de lentejuelas y se lo fumó en cinco caladas dando golpecitos al suelo con el pie. Cuando acabó, ya pisando la colilla del mentolado, empecé a ver cómo sus músculos se relajaban. Entonces me miró, me acarició la mejilla y me preguntó—. ¿Y tu madre? ¿Está en tu casa?

Noviembre de 1.991

Desde que Rafael ingresara en prisión, era mamá la que tenía que ocuparse de todo el negocio. Su hermano Antonio le proporcionaba ayuda con la seguridad, ya que siendo mujer debía tener especial cuidado. Lo demás lo hacía mi madre de primera mano: traer mercancía de las Tres Mil Viviendas, cortarla, preparar los paquetillos, atender a los clientes, cuidar de que no se metieran otros camellos en su zona… todo. Por eso yo veía normal que no estuviera en casa tanto tiempo como cuando vivíamos con Rafael. Incluso trataba de aligerarle en lo que podía la carga de trabajo, por lo general, haciendo paquetillos.

Un día decidió subir mi rango dentro del negocio familiar. Ocurrió un sábado, que era cuando ella iba a visitar a Rafael a la cárcel. No podía desatender el negocio, ya que los fines de semana era cuando se daban las mejores ventas. Por este motivo, se buscó a unos tipos para que la sustituyesen en las mañanas de los sábados. A mí y a la Susi nos dejó al cargo de la vigilancia. Mi labor consistía en fijarme en todo lo que allí ocurriera para darle el parte después. Me hizo hincapié en que no perdiera detalle en si alguno de sus trabajadores se echaba algo al bolsillo. Que no le robaran era la obsesión de mi madre, ya que en aquellos días todo el mundo le robaba a todo el mundo.

Los camellos en cuestión eran tres. Uno gordito y dos flacos. Mi labor consistía en sentarme en una silla delante de ellos y observarlos mientras trabajaban. Por lo general, no me hacían caso o fingían no hacerlo, a no ser que les preguntase algo. Yo me hacía la tonta para que estuvieran relajados y simulaba que jugaba a tomar el té con Susi; incluso les ofrecía una taza de vez en cuando. No les quitaba ojo ni oído. Sus temas de conversación se englobaban en torno a tres grandes motivos: fútbol, más bien el Betis y el Sevilla. Historias de peleas y ajustes de cuentas, donde rivalizaban en ver quién era el más matón. Y Semana Santa, sobre todo el gordito, porque tocaba la corneta en una banda de la Hermandad de las Cigarreras.

En una ocasión, mientras le rascaba la panza a Susi, capté un movimiento extraño por el rabillo del ojo y giré la cabeza de forma instintiva. Entonces pillé al de la corneta guardándose, con mucho disimulo, tres o cuatro paquetillos en el bolsillo de su pantalón vaquero. Los otros dos no se percataron de la jugada, pero yo sí. Pasados unos minutos se acercó a nosotras con su mejor sonrisa y jugueteó un poco con la perra. Lo noté algo tenso y sospeché que trataba averiguar si yo lo había visto o no. Estuvo un rato dándome palique hasta que acabó por volver a su puesto.

Cuando mamá llegó, primero saludó a sus trabajadores y les hizo las correspondientes preguntas acerca de cómo había ido el negocio. Acto seguido vino a hablar conmigo.

—Hola, Chati.

—Hola. —Ella, solo con mirarme la cara, ya supo que tenía algo que contarle, así que se limitó a esperar con gesto serio. Ni tres segundos tardé en decir lo que me estaba quemando en la boca hace tanto rato—. Uno se ha metido unos cuantos paquetillos en el bolsillo.

—¿Quién?

—Ese.

Acusé señalando a la corneta. La tez del infractor palideció de repente. Sobre todo, cuando mamá se le acercó y le ordenó:

—Vacíate los bolsillos.

—Vamos, Manoli, que yo no he cogido nada —respondió mostrándose ofendido.

—Que te los vacíes, te digo.

—Pero ¿de verdad le vas a hacer caso a la niña? Si ella ha estado todo el rato con la perra ahí y...

—Sí, le voy a hacer caso. ¿Te los vacías tú o te los vacío yo?

—Vale, vale... pero me parece muy fuerte que a estas alturas no te fíes de mí.

—Espera un momento. Vosotros dos, iros —les dijo a los otros dos camellos, que desaparecieron encantados en un abrir y cerrar de ojos.

Entonces, el de la corneta fue dando la vuelta a cada uno de los bolsillos de sus tejanos ante la atentísima mirada de mi madre, pero, para mi sorpresa, no apareció un solo gramo de nada. Ahora fui yo quien palideció.

—¿Lo ves? —dijo triunfal la corneta. Mi madre me miró.

—¡Yo lo he visto! —grité a la desesperada—. ¡Lo he visto, de verdad! Seguro que lo ha escondido en algún lado, o yo qué sé... pero lo he visto.

—Anda, anda... Si tú estabas jugando ahí con la perra —me dijo el acusado con desprecio.

—Pero estaba atenta. ¿Qué te crees? ¿Que no? —le respondí gritando y con lágrimas de rabia en mis ojos.

—Manoli, ¿me puedo guardar ya los bolsillos?

Mamá estaba contrariada. Después de reflexionar unos segundos, se dirigió a mí, se agachó para ponerse a mi altura, me sujetó por los hombros y mirándome fijamente a los ojos me dijo con tono de extrema gravedad:

—Rocío, júrame que has visto que ese me ha robado.

—Te lo juro.

—Pero júramelo porque yo me muera.

—Que sí, que te lo juro —repliqué entre sollozos.

—Pero dilo. Di, te lo juro porque te mueras.

Yo respiré hondo y muy lentamente fui soltando cada una de las sílabas.

—Te lo juro porque te mueras.

Entonces mi madre se puso en pie y le dijo al tipo de la corneta:

—Vete y no vuelvas.

—Pero… Manoli, si yo.

—¡Que te vayas!

—Bueno, vale… Pero tendremos que ajustar cuentas, ¿o te he estado trabajando gratis?

—¿Ajustar cuentas? ¿Llamo al Antonio para que te eche?

Al oír el nombre de mi tito no replicó nada y se limitó a abandonar nuestra casa para no volver a cruzarse en nuestro camino.

Mi madre usaba mucho a mi tío Antonio porque a él le gustaba pelearse a golpes de vez en cuando con alguien, y eso era algo que la gente de la Macarena sabía. Podría decirse que mis dos tíos, Enrique y Antonio, tenían un carácter violento, pero la diferencia es que Antonio lo era de puertas para afuera y Enrique de puertas para adentro, y una cosa no tiene nada que ver con la otra.

CAPÍTULO 10

El negocio tenía absorbida a mi madre, que de manera paulatina fue limitando su estancia en casa a las horas en las que la venta estaba abierta al público y las que dedicaba a dormir, que no eran muchas. El resto del día se lo pasaba fuera de casa, ya fuera adquiriendo mercancía, cobrando o pagando alguna deuda o, en definitiva, cualquier otra cosa que pudiera traer consigo dinero rápido. Lo paradójico es que cuantas más horas dedicase mamá a conseguir liquidez, más pobres nos hacíamos.

La mayoría de los días, mi madre, antes de salir y sabiendo que no vendría en todo el día, me proveía de mil pesetas para que comiera en el Félix o donde quisiera. Yo cogía el billete, me lo echaba al bolsillo y así, con dinero calentito y con mi perra, me hacía a la calle sintiéndome la reina de la Macarena.

En alguna ocasión, acudía al colegio con la única intención de ver a mi amiga Ana, pero eran muchas más las veces que me iba al salón recreativo del Multicentro Alameda, que estaba al lado de los cines, a fundirme, de veinticinco en veinticinco, las mil pesetas. Me daba para toda la mañana. Mi juego preferido era el *Super Pang*.

Debido a la ocupación de mi madre, yo conocía a casi todo el mundo en el barrio. El que no era cliente directo, era familiar de alguien que sí lo era o, como mínimo, pertenecía a su grupo de amigos, por esto yo iba saludando a todo el mundo en mis paseos ya que todas las caras me sonaban. La mayoría de los vecinos, por su parte, aunque me devolvieran el saludo, solían negar con la cabeza y musitar «Mírala, por ahí va la niña de la Manoli. Qué lástima, por Dios».

Después estaban los clientes especiales, esos que con el tiempo habían llegado a convertirse en amigos nuestros. Como Mayka, por ejemplo. Ella era gaditana y siempre contaba que tenía un título de cocinera, pero que no ejercía porque ganaba más haciendo la calle. Venía a comprar casi a diario. Y sin el casi. A mí me gustaba observarla trabajar, esperando clientes en la puerta de su casa en una de las calles ínfimas que se ubican entre la Alameda y Feria. Para mí ella era una especie de heroína del barrio, sobre todo, después de cómo me salvó de las asquerosas garras del señor Andrés. Me fascinaba su forma de moverse, el colorido de su ropa, su manera de contonearse y cómo era capaz de hablar sin amilanarse ante nadie, mandando a los clientes «al carajo» si estos trataban de regatear. Aquella forma de darse a valer me inspiraba. Un día tuvimos la siguiente conversación en la calle, ante la puerta siempre abierta de su casa y lugar de trabajo.

—Hola, Rocío, guapa —me saludó.

—¡Hola, Mayka! —contesté acercándome a ella.

—¿Dónde vais? —preguntó mientras le hacía algún cariñito a mi perra.

—No sé, por ahí… A las maquinitas. —Así era como yo llamaba a los recreativos del Multicentro Alameda.

—Ah, vale. ¿Tu madre está en tu casa?

—Ahora no.

—¿Y después vendrá? —Yo encogía los hombros como única respuesta—. Bueno, da igual, después me pasaré.

—Vale.

—Ea, pues muy bien.

—Oye, ¿eso qué es? —le dije fijándome en un moratón

que le resaltaba en la piel. Siempre tenía alguno. Cuando no era en la cara, era en el brazo o en el pecho. Esta vez lo tenía en el muslo y era muy oscuro.

—¿Esto? Nada, el Julián que es un capullo.

—¿Julián? —También era cliente de mi madre. De los primeros que tuvo y de los más problemáticos.

—Sí, no me quería pagar.

—¿Y te pegó?

—Bueno, tuvimos lo nuestro...

—¡Oh!

—Tranquila. Al final me pagó.

—Menos mal.

—Pues sí. Debo ser una tía con suerte.

Hizo una extraña pausa mientras pensaba en algo con la mirada perdida. Después, dándose cuenta de que se estaba poniendo muy seria, volvió la cara hacia mí y con una sonrisa cómplice me dijo.

—Bueno, anda, vete. Que me espantas a la clientela.

—Vale, adiós, Mayka.

—¡Adiós, guapa!

Y me fui camino del multicentro pensando en la rabia que debería sentir la hija de Mayka si supiera que alguien le había pegado a su madre. Entonces caí en la cuenta de que no sabía si tenía hija o no. Y si la tenía, ¿dónde estaba? ¿Aquí o en Cádiz? ¿Podríamos ser amigas? En esto tenía yo la cabeza hasta que me puse en la piel pixelada del muñeco que partía bolas con su pistola. Aquellos mundos cibernéticos tenían la capacidad de hacer que no pensara en nada.

Desde que Rafael entró en la cárcel

Rara era la semana que no llegaba a mi casa un sobre con remite del centro penitenciario Sevilla Uno. Mi madre sacaba tiempo para responderlas todas. Yo disfrutaba imaginándome que las misivas rebosaban preciosos juramentos de amor eterno para mi madre y que, de paso, alguna palabra cariñosa caería para mí y para la Susi.

Tampoco había sábado que mi madre se saltase el bis a bis y le llevase a Rafael el Chino alguna papelina. Siempre utilizaba el mismo método para colar la droga. Se enfundaba en un vaquero que tuviera los dobladillos de las perneras lo más grande posible. Allí, justamente, era donde se guardaba la mercancía para pasar los registros pertinentes, que tampoco es que fueran muy exhaustivos. La estancia donde se llevaban a cabo estas visitas contaba con dos hileras de sillas cada una mirando hacia una pared; frente a cada silla había una mampara transparente y un teléfono. En el tiempo que duraba la charla, mi madre sacaba con cuidado la papelina del dobladillo y la encajaba en algún recoveco de debajo de la silla donde estaba sentada. Al término de la hora de visitas, el preso encargado de barrer y ordenar la sala aprovechaba para recoger todos los paquetillos que los familiares y amigos habían dejado a sus parientes y entregarlos a los destinatarios. Él se quedaba una pequeña parte de cada dosis, como forma de pago. El sistema estaba bastante asentado y bien engrasado. Por su parte, los funcionarios de prisiones, mientras no se tratase de introducir algún tipo de arma, hacían la vista gorda. Preferían a un interno colgado antes que con el síndrome de abstinencia.

Yo solo iba algunos días, porque parte de la visita consistía en dejar solos a los presos con sus parejas o lo que fueran, en una habitación con una cama y yo allí no pintaba nada. Los días en que sí acudía acompañando a mi madre, yo cumplía la función del dobladillo del vaquero, es decir, mi madre metía en mis bolsillos el material. A los niños, por ley, no nos podían registrar. Ni siquiera pasábamos por el escáner de metales. Rafael, aunque recibía con mucho agrado la droga, lo que más agradecía era poder sumergirse en los ojos de mi madre, los cuales tenían la virtud de hacer que se olvidara de todo por unos instantes. Igual que me pasaba a mí con el *Super Pang.*

29 de diciembre de 1.991

El frío en Sevilla es insoportable ya que, aunque no hiele, empapa, que es peor. Cada vez que la tarde se presentaba gélida yo no podía más que acordarme de la pobre Cayetana, una señora indigente con la que mi prima Ángela y yo hablábamos de vez en cuando. A decir verdad, no creo que se pueda decir que aquello que manteníamos con ella se tratara de una conversación, pues parecía como si Cayetana se limitara a verbalizar el bucle constante que se repetía en su cabeza. Tenía la cara llena de surcos, aunque no era vieja. Muchas cosas le habían pasado a esa cara. Hablaba con acento de fuera, alguna vez le oí decir que era de Madrid, pero a saber. Mi prima Ángela y yo nos acostumbramos a buscarla y llevarle un cigarrillo que Ángela le robaba a su madre, o un trozo de queso de su cocina, lo que pilláramos.

Aquella tarde, ya amenazando con anochecer, mi prima, la Susi y yo pasábamos por la exagerada y prepotente portada de San Luis de los Franceses, cuando Ángela me comentó con preocupación:

—¡Ay, Ro! Vaya el frío que tiene que estar pasando la Cayetana en la calle.

—Pues sí, porque hace tela —contesté con las manos apretadas en los bolsillos del chándal.

—Deberíamos buscarle una manta o algo, ¿no?

—Es verdad, para que duerma calentita.

—¿Vamos a ver si encontramos algo en mi casa?

—Vamos.

Cuando llegamos, Ángela empezó a registrar los pocos cajones que había en los diferentes muebles. Yo me dirigí al dormitorio de mis tíos y abrí el único desvencijado armario con el que me topé. En su interior hallé la prenda perfecta. La solución definitiva al frío de Cayetana. Se trataba de un abrigo largo, de piel de pelo. Era supercalentito y suave. Cayetana estaría muy a gusto con él.

—¡Prima, mira! —la llamé.

—¿Qué? —dijo asomando por la puerta.

—Mira.

—Ese es el abrigo de mi madre —me contó, dudando.

—¿De tu madre? Yo no se lo he visto nunca puesto.

—No. No se lo pone casi nunca.

—Eso es porque no le gustará.

—No sé...

—Si le gustase, se lo pondría, ¿no?

—Es verdad.

—Pues para la Cayetana, ¿vale?

Después de debatirse un poco, consintió:

—¡Vale!

La prenda resultó ser el abrigo preferido de mi tía. Se lo había regalado mi tío Antonio un día que él y mi madre habían dado un palo a una peletería de gente de mucho dinero que tenía la alarma estropeada. Fue una suerte porque esas tiendas suelen estar muy bien vigiladas. Aunque no lo había usado casi nunca, mi tía de vez en cuando lo sacaba de su armario y lo cepillaba con mucho mimo. Por lo visto, le profesaba un cariño especial por ser un obsequio de su marido, ya que este era más de quitar que de regalar. ¡Cómo iba a saber yo eso!

Cuando localizamos a Cayetana, esta se encontraba medio dormida en unos cartones y arropada únicamente por el muro en el que se acurrucaba. Ángela y yo nos miramos con complicidad. Nos sentíamos la Madre Teresa de Calcuta. Con mucho cuidado, le eché el abrigo por encima a modo de manta, como hacíamos con las muñecas.

—¡Cuidado!

Me decía mi prima, susurrando. A pesar de mis esfuerzos por no despertarla, al sentir el tacto de un cuerpo extraño sobre su piel, Cayetana se incorporó de un brinco y con la alerta en los ojos miró para todos lados, nerviosa. Estaba demasiado acostumbrada a los ataques nocturnos de borrachos y niñatos pijos. Por fin, se fijó en nosotras y no le parecimos una amenaza. Después centró su atención en el abrigo. Nos miró de nuevo, y luego, otra vez al abrigo. Sin decir palabra, y aún desconfiando, se lo puso muy despacio, esperando que saltara la trampa en cualquier momento. Cuando por fin lo tuvo enfundado sobre esa amalgama de huesos tapizados que era su cuerpo, mi prima Ángela y yo fuimos testigos de primera línea del efecto que produce una prenda de tanto lujo en una piel habituada a vestirse con retazos de telas encontrados en los contenedores. Fue algo mágico, milagroso. El abrigo pareció mecer el raquítico cuerpo de Cayetana; incluso se diría que la estaba mimando. Se puso ella tan contenta que, sin decirnos nada y mucho menos darnos las gracias, se levantó del suelo para irse a pasear por las calles la nueva mejor adquisición de su vida. Ángela y yo estábamos muy orgullosas de nuestra buena acción, pero esta sensación se tornó escalofrío cuando vimos cómo Cayetana se cruzaba por su camino con mi tía Ángela, que venía cargada con dos bolsas del supermercado. Esta se detuvo en seco y, después de unos instantes de asimilación, volvió la vista atrás para comprobar cómo lo que se alejaba danzando por la calle Trajano era, efectivamente, su abrigo de pieles de ochenta mil duros. Permaneció en estado de *shock* unos segundos hasta que se percató de nuestra presencia al otro lado de la plaza. Entonces, lo comprendió todo, y se dirigió a nosotras con el firme propósito de asesinarnos. Al verla acercase a nuestra posición, nos dimos a la fuga y nos guarnecimos en la casa de mi prima, debajo de su cama. Allí esperamos unos interminables minutos, hasta que oímos cómo mi tía entró, dejó las bolsas en el suelo y el portazo lleno de rabia que siguió. Sin vacilar, se dirigió a descubrirnos en nuestro torpe escondite. Nos cayó encima la reina de todas las broncas. Tanto que, hasta mi madre, que acababa de llegar, subió a ver qué estaba pasando. No es que a mí me guste que me griten, pero eso no fue lo peor, sino que lo que de verdad me encogió el corazón fue ver el injusto dolor que le habíamos provocado a mi tía con lo que habíamos hecho. Ese abrigo significaba mucho para ella. A partir de aquello, mi prima y yo decidimos cerrar el grifo a Cayetana, ya estaba bien.

Mi relación con la indigente empeoró de forma definitiva una tarde en la que mi primo Antoñito y yo guerreábamos lanzándonos naranjas de los árboles en los aparcamientos del arco de la Macarena. Mi primo escogió como proyectil una especialmente madura del suelo y me la tiró con todas sus fuerzas. Entonces, al ver que la naranja se dirigía a mi cabeza, la esquivé de un salto con tan mala pata que acabó impactando en la frente de Cayetana, la cual en ese preciso momento pasaba por detrás de mí. Ella me miró, con la cara chorreando restos de naranja agria, y pensó que yo era la responsable de aquel bombardeo. El Antoñito y yo emprendimos la huida, pero solo él logró salvarse, al cruzar una carretera que nos separaba del Parlamento Andaluz justo antes de que el semáforo se tornara en verde para los vehículos. Cayetana me agarró y me dio todas las collejas y coscorrones de los que fue capaz antes de que yo lograra zafarme de ella. Mientras lo hacía, gritaba:

—¡Hija de puta! ¡Te voy a matar! ¡Hija de puta!

Y yo creo que lo habría hecho de haber podido. Desde aquel día le cogí un miedo terrible y, cada vez que me la cruzaba por la calle, me apresuraba a esconderme a mi casa pensando en que su único afán era capturarme para terminar lo que empezó. Ella, por su parte, no se acordaba ni de mí ni del naranjazo. Uno de estos días, estaba mi madre en casa y me vio aparecer tan asustada y pálida que se dirigió a mí y me dijo:

—¿Qué ha pasado? ¿Ha pasado algo?

—¡Que la Cayetana me quiere pegar! —le respondí

abrazándome a ella.

—¿Qué te quiere pegar? ¿Y eso por qué?

—No lo sé.

—Y ¿dónde está ahora? Si puede saberse.

—Ahí fuera.

Mamá se asomó y alcanzó a ver la figura de Cayetana. Tenía puesto el abrigo de mi tía, pero este ya no brillaba, sino que estaba sucio y lleno de girones. En vez del abrigo ennoblecer a Cayetana, fue ella quien envileció a este. Mi madre enfiló el camino hacia Cayetana y, sin mediar palabra, le impactó un puñetazo en el pecho con tal fuerza que la tiró al suelo. Entonces, agarrándola por la solapa del abrigo, la amenazó.

—Como le toques un pelo a mi hija, te juro que abro la cabeza. ¿Te estás enterando o no?

Y la soltó con desprecio. Cayetana se levantó y se fue. Ahora fue ella quien me cogió miedo a mí.

Cuando nos dimos cuenta, se había acabado el año.

CAPÍTULO 11

Enero del 92

Mi tío Enrique se había hecho un esguince en el tobillo y permanecía de reposo sin salir de su casa, quejándose como si le hubieran amputado de cabeza para abajo. El accidente ocurrió de la manera más tonta, mientras subía las escaleras hacia su casa volviendo de estar toda la mañana vendiendo en el jueves de la calle Feria. Tenía allí un puesto fijo, cosa que le hacía sentirse superior a mi madre y a su hermano Antonio. Allí se le intentaba dar salida a casi todos los objetos que cualquiera de ellos había robado de aquí y de allá.

La baja de mi tío Enrique nos influía a todos los vecinos, ya que los pequeños arreglos que surgieran tendrían que posponerse hasta que estuviera recuperado. Él, por su parte, pasaba el día tirado en su sofá, malhumorado, bebiendo litronas y fumando lo que hubiera. Pero la que se llevó la peor parte fue, sin duda, mi tía Juli. La tenía frita mandándola de un lado para otro a traerle cerveza y montándole un cristo por cualquier cosa. Lo que peor llevaba Juli eran las ocasiones en las que la enviaba a que le trajese grifa. Al final le acababa pidiendo el favor a mi madre, que no era capaz de decirle que no.

—¡Que vaya mi hermano con los huevos! —Solía ser su primera respuesta.

—Ya, hija, ya… pero ya sabes cómo se pone… Y es por no oírlo. —Tenía gracia que dijera eso, porque era sorda.

—Anda, trae —decía mamá mientras le cogía los billetes. A veces, si tenía reservas, se lo vendía ella directamente, y otras se lo compraba a cualquiera. Cuando traía el paquetillo, mi tía lo cogía con tal repugnancia que le era muy difícil a mi madre no sentirse juzgada.

Un viernes

Yo deseaba con intensidad que mi tía me pidiera algo a mí, por eso, aquella noche, como mamá no estaba en casa, yo decidí no salir a ninguna parte por si le hacía falta que fuera a traerle cualquier cosa. Además, en la tele echaban *Twin Peaks* y tanto Susi como yo estábamos enganchadísimas. No dejaba de asombrarme todo el lío que se había montado solo porque alguien había matado a Laura Palmer. En el distrito Macarena, de vez en cuando, se moría alguien en alguna esquina o en una pelea, y no movilizamos el barrio de aquella manera. En estos pensamientos estaba cuando, de forma inesperada, entró mi madre por la puerta, muy risueña ella, y acompañada de un tipo desconocido para mí. Lo escaneé con la mirada y me di cuenta tanto de que era mucho más joven que mamá, como de que no me gustaba un pelo. El tipo miraba a todos lados con intranquila curiosidad y, cuando sus ojos se fijaron en mí, puso una risa forzada. Tenía bastante buena percha, eso sí. Me lo presentó:

—Mira, Chati, este es Juanma.

—Hola, guapa —dijo el tal Juanma.

—¿No le vas a decir hola?

—Hola —saludé con todo el desprecio que pude.

—Oye, ¿quieres que te dé dinero y vas al multicentro? ¿A las maquinitas? —me ofreció mamá.

—No quiero ir a las maquinitas.

—Bueno pues…

—Quiero un bocadillo de solomillo al *whisky*.

—Vale, lo que quieras. Ve y te lo compras. Toma —me

apremiaba mientras me soltaba el billete que había separado de otros tres o cuatro billetes variopintos y arrugados que se había sacado de su bolsillo.

—Bueno…

Acepté sin que me hiciera la menor gracia el hecho de dejarla con el tal Juanma a solas. Con parsimonia, me levanté del sofá, llamé a Susi palmeándome el muslo y, antes de cruzar la puerta, me volví hacia mi madre y le pregunté con toda la intención:

—Oye, Mamá, ¿cuándo vamos a ir a ver a Rafael? Hace mucho que no vamos.

—Ay, Chati… Yo qué sé… Ya iremos —me replicó sabiendo que la pregunta no era inocente.

—Pero ¿cuándo? Mañana es sábado.

—No lo sé, Rocío… pero mañana no vamos a ir.

—¿Por qué?

—Pues porque no podemos.

—Pero ¿por qué no?

—Pues porque no.

—Pero ¿por qué no podemos?

—¡Porque no me da la gana! —zanjó. Seguro que le entraron ganas de darme un guantazo, pero no lo hizo. Jamás me puso una mano encima—. Hala, vete a por el bocadillo, que como vayas más tarde te van a cerrar.

—Todavía no cierra, es muy pronto.

Yo no podía evitar ser la dueña de la última palabra. En eso nos parecíamos mucho las dos. Por este motivo nuestras discusiones eran tan largas. Pero en esta ocasión ella tenía tanta prisa por que me fuera, que se mordió la lengua y me concedió la victoria. Mientras tanto, el tal Juanma se había sentado en el sofá y esperaba con impaciencia mientras se frotaba las rodillas con las manos.

Susi y yo abandonamos el piso, pero no nos fuimos al multicentro, sino que salí corriendo del bloque y me precipité a espiarlos a través de la ventana que daba a la calle.

Primero se besuquearon un poco en el sofá; después mi madre fue a la habitación para volver al poco con las manos ocupadas por unos trozos de papel de plata, un mechero y un paquetillo. Al tal Juanma se le pusieron los ojos como platos cuando vio los artilugios. El cristal de la ventana estaba cerrado, así que no pude oír con claridad qué es lo que se decían, pero por lo que alcancé a escuchar, deduje que era la primera vez que el tal Juanma iba a fumar plata. Mi madre lo preparó todo con didáctica pulcritud, para que el muchacho no perdiera detalle. Primero hizo un rulo hueco con el papel de aluminio y se lo dio, luego abrió el paquetillo, del que sacó una pequeña bola marrón. Era heroína. Con cuidado, y lanzando miradas cómplices a su aprendiz, la depositó en una cuchara sopera, la cual sostenía por el extremo, para, con un mechero, aplicarle fuego por debajo, como si fuera una sartén. A los pocos segundos, la bola marrón empezó a reaccionar y transmutó a un líquido viscoso y burbujeante. A aquello lo llamábamos la Gota. Entonces le dijo al tal Juanma que se pusiera el rulo en boca y aspirase los vapores que emergían de la cuchara. Este siguió las instrucciones y, acto seguido, cayó de espaldas sobre el respaldo del sofá. Mamá le acarició el pelo y le susurró algo al oído. Después, repitió la operación, pero esta vez para ella. Una vez hubo fumado, se recostó apoyando la cabeza en el regazo del tal Juanma. Ya no vi más porque me fui a jugar a las maquinitas. Ya sé que le había dicho a mi madre que no tenía ganas de jugar, pero necesitaba *Super Pang*.

Juanma se quedó a dormir ese día. Y al siguiente también. Cuando él se quedaba a dormir, mi madre cerraba la puerta de su dormitorio, cosa que no había hecho antes. Aquello me ponía furiosa, así que tracé un plan para echar al impostor de nuestras vidas. Lo primero que hice fue buscar por nuestro piso el sobre de alguna de las cartas de Rafael. Podía aparecer alguna por cualquier parte, ya que en el desorden de nuestra casa nada tenía sitio fijo. Finalmente, encontré una debajo del sofá. Solo estaba el sobre vacío, por lo que deduje con esperanza que mi madre sí debía atesorar en algún lugar las cartas. De todas formas, a mí me valía con el sobre, ya que lo que anhelaba era la dirección postal de la prisión de Sevilla Uno, donde purgaba Rafael. En la cocina encontré una libreta de cuadros que mamá adquirió recién salió de la cárcel con el fin de que se convirtiera en un recetario. Tales eran los buenos deseos ya olvidados de mi madre. A esas alturas, el cuaderno estaba cubierto de polvo y solo se había arrancado alguna de sus páginas, para hacer rulos para esnifar o algún trocito cuadrado de su portada de cartón para hacer boquillas de porros. Yo cogí una hoja y, a lápiz, escribí:

> *Querido Rafael:*
> *¿Cómo estás? Tengo muchas ganas de verte. Y la Susi también. Mi madre se ha buscado otro novio. Se llama Juanma y es imbécil. Yo no lo aguanto. Yo prefiero que el novio de mi madre seas tú. A ver cuándo vamos a verte.*
> *Adiós.*

Eché el chivatazo, con su sobre y su sello correspondiente, al buzón de correos de la calle San Luis con la seguridad de que la llegada de la solución al problema ya era solo cuestión de tiempo.

Una semana corta después

Aquel lunes la Susi y yo volvíamos de la calle con la intención de buscar algo para comer, pero no pudimos hacerlo porque lo evitó mi madre que, para mi sorpresa, estaba en casa. Supuse que no me habría dado cuenta porque seguiría dormida cuando salí. El tal Juanma también estaba allí, con rictus serio. Al verme entrar, mamá se dirigió a mí hecha una fiera. Blandía en su mano izquierda un papel desdoblado, todo escrito con boli azul. El tal Juanma no se levantó del sofá y se desentendió de la escena mirando para otro lado mientras mi madre me gritaba:

—¡Tú! ¿Esto qué es, Rocío?

—No lo sé —respondí. Era cierto porque aquella carta no era la mía.

—Ah, ¿no lo sabes? No tienes ni idea, ¿verdad?

—N… no.

—Una carta de Rafael.

—Bueno…

—¡Para ti!

«¡Menudo fallo!», pensé. Cómo no había caído en que debía estar pendiente del cartero para interceptar una posible respuesta de Rafael. El patinazo había sido grande y la situación grave.

—¿Para mí? —dije intentando en vano ganar algo de tiempo. No sé lo que pondría en la carta, pero no parecía que hubiese hecho recapacitar a mamá acerca de su relación con el tal Juanma.

—No te hagas la tonta, que sabes perfectamente de lo que te estoy hablando.

—Pero…

—¡Ni peros ni peras!

—Es que como hace tiempo que no lo veía, lo echaba de menos, ya está…

—No me mientas, Rocío, por lo que más quieras, no me mientas. —Yo agaché la cabeza.

—¿Tú ves normal que le escribas una carta a mi ex para decirle que tengo novio?

—Es que…

—¿Tú eso lo ves lógico?

Antes de decir nada, me dije a mí misma que intentar mentir no era una buena estrategia.

—¡Pues sí! —dije henchida de coraje.

—¿Cómo que sí?

—Claro, porque hace tiempo que no lo vemos y además él tendrá derecho a saber que estás con otro.

—Qué sabrás tú de esas cosas, niña.

—¿A que no le has dicho nada?

—Y a ti qué te importa.

—Pues me importa, mucho.

—¿Tú no entiendes que no puedes meterte ahí de esa forma?

—¿Por qué no? —le dije alzando la voz.

—Porque es mi vida. ¿Te queda claro?

—¡También es mi vida!

—Pues ahora estoy con Juanma.

—¡A mí no me gusta Juanma! —repliqué sin importarme lo más mínimo que el aludido se enterara. Ni siquiera era consciente de si seguía en el sofá o no.

—Si eso ya lo sé yo. Desde el primer día decidiste que a Juanma no lo podías ver y no dejas de darle por culo. Que te crees que no me doy cuenta.

—Porque yo quiero que vuelvas con Rafael —dije con un ruego ahogado que debió enternecer a mi madre, la cual, intentando recobrar algo de calma, me preguntó:

—Pero ¿a ti qué más te da, Chati?

—Porque... porque... él es muy bueno, y cuando estamos juntos estamos muy bien.

Mi madre respiró unos segundos antes de decirme:

—¿Tú sabes lo que pone aquí? —me preguntó mostrándome el papel arrugado en el que se había convertido la carta durante nuestra discusión. Como callé, mi madre continuó—. Pone que me dejes de hablar.

—¿Qué?

—Sí, mírala, si quieres. Pero eso es lo que dice. Que no me hables. Y a Juanma tampoco. ¿Eso es lo que quieres? ¿Que no nos hablemos? ¿Que nos separemos?

—No —susurré, al tiempo que las lágrimas me emborronaron la vista solo por imaginármelo.

—Pues eso dice la carta. Pone que nos hagas el vacío. Que no me hables y que yo soy una persona horrible. Toma, mírala.

Me entregó el papel, que yo cogí por inercia, pero al que no dediqué una sola mirada. De repente se había convertido en un objeto venenoso para mí. No soportaba su presencia, solo deseaba que estuviera lo más lejos posible de mí. Lo solté y me abracé a mi madre, como quien se administra un antídoto. Ahí me di cuenta de que el tal Juanma se había ido del piso.

—Yo no quiero que nos alejemos, mamá.

—Ni yo tampoco, Chati.

—No te enfades conmigo.

—Si yo no me enfado. Pero es que… —Tuvo que emplear unos minutos en acariciarme hasta que consiguió que dejara de llorar. Después se puso en cuclillas para mirarme a los ojos—. Mira, vamos a hacer una cosa, ¿quieres?

—¿El qué? —dije secándome las lágrimas con el puño.

—Un pacto.

—¿Eso qué es?

—Un pacto entre tú y yo y nadie más en el mundo que diga que, pase lo que pase y hagamos lo que hagamos, nunca nos vamos a hacer daño y siempre nos lo vamos a contar todo, ¿vale? Así, si alguna vez te pasa algo, dímelo a mí, y no le mandes cartas a nadie, ¿te parece?

—¿Y nunca nos vamos a decir mentiras?

—Nunca.

—Vale.

—Entonces, ¿hacemos el pacto?

—Sí.

Agotada, pero calmada, mamá se tumbó en el sofá y me invitó a que fuera con ella. Así lo hice con la cabeza apoyada en su pecho. En aquella postura, oyendo el corazón de mamá y sintiendo sus dedos en mi pelo, me dormí. Ella también estaba tranquila. Nadie se acordaba del tal Juanma en aquellos instantes.

CAPÍTULO 12

Febrero de 1.992

Llegó a Arrayán 32 una carta con el sello de la Junta de Andalucía. El cartero, al ver que los buzones habían sido arrancados de la pared, tuvo la delicadeza profesional de echarla por debajo de nuestra puerta. Yo vi cómo se deslizaba por nuestro suelo. La abrí y, como no entendía nada, se la subí a mi tía Juli, la cual se encontraba calentando un guiso ante el chirrío frenético de una olla exprés. Me situé a su vera y le tiré del delantal para llamar su atención. Cuando me miró y me sonrió, le entregué la carta y, al ver el logo de la Junta, le cambió la cara. Intuía problemas. Pude ver cómo el cabreo se iba apoderando de todas las facciones de su rostro mientras leía aquel texto. Entonces, se quitó el delantal, retiró la olla del fuego, me cogió de la mano y me dijo:

—¡Vamos!

Me llevó al bar de Félix, donde estaban tomando cervezas mi madre y sus dos hermanos. Ante ella se plantó mi tía Juli y, enseñándole la carta, le espetó a mi madre.

—¿Tú crees que esto es normal?

—¿Eso qué es, Juli? —le respondió extrañada.

—¿Tú crees que puedes tener así a la niña?

—¿Así cómo?

—Pues así, sin ir al colegio, sin hacerle de comer, sin bañarla… así, sin nada.

Mamá cogió la carta y la leyó. Entonces, en actitud

tranquilizadora, le dijo a mí tía.

—Anda, anda… Si esto no es nada.

—¿Nada? Que o las llevas al colegio o te la quitan. ¿Te parece poco?

—¿Eso pone? —dijo mi tío Antonio cogiendo el papel con cierta alarma.

—Que no —volvió a decir mi madre empleando el mismo tono—. Que eso lo ponen para acojonar, pero que no va en serio… Tranquilízate, anda.

—¡No me voy a tranquilizar! Te digo, Manoli, que esto no es normal. Que te hagas cargo de la niña, que ya está bien.

—Hombre, Manoli, algo de razón lleva la Juli —volvió a decir Antonio.

—¡Joder, mira que sois pesados!

—Bueno, yo ya te lo he dicho. Aquí te la dejo. Tú haz lo que tú quieras —zanjó Julia, antes de irse indignada a seguir calentando el guiso.

Yo me quedé con mi madre y mis tíos sin que nadie supiera qué decir. Fue finalmente mamá quien tomó la palabra para decirme:

—Pues nada, Chati, mañana vas al cole, ¿eh?

—Vale.

—Que no se te olvide.

Y continuaron los tres con sus botellines, como si nada hubiera ocurrido.

A la mañana siguiente fui al colegio. Se encargó de despertarme mi primo Enrique, al cual yo le había pedido el favor. Le dije a la Susi que tendría que esperar a que llegara porque en el colegio no admitían perros, pero que le dejaba la puerta abierta por si quería dar una vuelta.

Mientras iba de camino al colegio, con un sueño que me caía, me percaté con horror de un enorme manchurrón negro que tenía en el brazo derecho. Supuse que sería de la noche anterior, que había estado jugando con Susi a escondernos debajo de los coches hasta las tantas. Como no quería que los demás niños me vieran tan sucia, me esmeré en limpiarme frotándome con energía utilizando la mano como trapo y saliva en lugar de jabón. Cuando terminé, busqué un escaparate donde pudiera verme de cuerpo entero para localizar otras posibles manchas, y me di cuenta de que la situación era peor de lo que imaginaba. No se trataba de manchas puntuales, sino de que necesitaba una ducha con urgencia, además de cambiarme de ropa porque llevaba la camiseta y el pantalón del chándal llenos de lamparones. ¡Vaya mierda! Llegué a la conclusión de que la culpa de aquello era, sin lugar a duda, del tal Juanma, que tenía a mi madre más distraída de lo que era habitual y, por eso, ella no reparaba en mi aspecto como debería. Después me hice el firme propósito de no llegar más a aquella situación y de empezar a estar pendiente yo misma de mi higiene general.

Me llamó la atención y, por qué no decirlo, me molestó que en el colegio nadie dijera nada de mis pintas. Ni el más mínimo comentario. Era como si aquella suciedad encajase a la perfección en la idea mental que los demás tenían de mí. La sorpresa hubiera sido aparecer con un vestidito rosa de lacitos recién estrenado y con la piel oliendo a gel de melocotón.

De la lección del día no recuerdo mucho porque me dormí. Es muy costoso mantenerse despierta cuando has estado con tu perra en la calle hasta las tres o las cuatro de la madrugada y te has tenido que levantar a las ocho. La maestra se mostraba compresiva conmigo y bastaba con que le dijese que me dolía la cabeza para que me concediera permiso para dormir un rato.

—Anda, échate en la mesa tranquilita. Apoya la cabeza en los brazos y duérmete si quieres. No pasa nada.

Cuando llegaba la hora del recreo ya estaba fresca como una lechuga y dispuesta a jugar con Ana, a lo que fuera, o simplemente a charlar de nuestras cosas. Ella me enseñó el niño que le gustaba y yo me vi en la obligación de buscar alguno que me gustara a mí también, para lo que conté con su ayuda. Mientras lo hacíamos yo imitaba las formas de andar de los demás niños y Ana se partía de risa. Aquellas carcajadas me hacían sentir limpia. Mucho más que cualquier estúpido vestidito con lazos.

Dos días después

Olía mucho a azahar cuando sufrimos una redada. La segunda en un mes. Por este motivo yo me encontraba aquella mañana con mi primo Enrique, que al ver a los policías entrar, bajó corriendo, me montó en su bici y pedaleó lo más rápido que pudo para sacarme de allí. Decía que no quería que viera esas cosas.

En aquella ocasión me llevó a ver las palomas del Parque de María Luisa, cosa que yo agradecía mucho. Prefería estar dándole de comer a las palomas en aquel elegante parque, en donde parecía que hasta la luz se vistiera de domingo, antes que ver cómo golpeaban a mi familia desnuda frente al desconchado y sucio muro exterior de nuestra casa.

Pasadas unas prudentes horas, Enrique me devolvió al piso y me encontré a mamá y al tal Juanma bastante preocupados. Él al borde las lágrimas sentado en el sofá y ella dando vueltas como una leona enjaulada. Por culpa de la emboscada policial, se habían visto obligados a deshacerse de la mercancía que tenían tirándola toda por el wáter. Era mucha, ya que acababan de venir de las Tres Mil Viviendas y pensaban vivir de su venta durante al menos una semana. Se habían quedado sin dinero y sin caballo, y ambas faltas les ponían muy nerviosos. A los pocos minutos, mi madre le dijo al tal Juanma que se levantara, y ambos salieron decididos a la calle a buscar dinero de la forma que fuera, quedándonos Susi y yo solas.

Para ser sincera, yo sí tenía algo de liquidez. Había sido

una semana bastante productiva para mi perra y para mí, porque tanto el sábado como el domingo habíamos ofrecido un improvisado espectáculo de baile flamenco para los clientes del bar de Félix, coincidiendo el domingo con un grupo de entusiasmados guiris mochileros despistados, a los que todo aquel ambiente les parecía muy exótico y se portaron mejor que bien con las propinas. Además, me había sacado un extra alquilando el Vespino, a espaldas de mi madre, a dos amigos de mi primo Antonio. Veinticinco pesetas el viaje, que incluía el derecho a rodear la Alameda por la carretera o bien, si el chaval no se sentía seguro entre los coches, llegar de un extremo a otro y volver por la parte central de la plaza, que tenía el suelo de albero.

Al rato de haberse ido, mi madre y el tal Juanma regresaron y se dirigieron directamente hacia mí. Me alivió que no me pidieran dinero.

—Mira, Chati, te hemos comprado una cosa —me anunció mamá.

—¿Un regalo? —pregunté emocionada y sorprendida. Eso sí que no me lo esperaba. Y menos, en aquel momento de crisis para ellos.

—Sí, un regalo. Mira, ¿te gusta?

Era una mochila enorme de color rosa y negra. Como las que llevan las adolescentes para ir al instituto. Incluso servía para meter las toallas cuando fuéramos a la piscina en verano, porque cabía de todo.

—Sí, me encanta. Está chulísima.

—Anda, pruébatela. A ver cómo te queda —dijo el tal Juanma con impaciencia.

—Trae —contesté. Al colocármela fui más consciente aún de lo grande que era. Si me mirabas desde atrás parecía un macuto con patas, pero aun así me fascinaba.

—Ahora, vas a ir un momentito con Juanma al supermercado —dijo mi madre, provocando mi extrañeza.

—¿Al supermercado?

—Sí, que tenemos que comprar unas cosas.

—Pero…

—Además —me cortó en seco—, puedes llevarte la mochila nueva. Así la pruebas.

—¿Me la puedo llevar?

—¡Claro! ¿Quieres?

—Vale.

Lo cierto es que me seducía la idea de que todo el mundo admirara mi regalo, me encantaba estrenar. Así que le dije a la Susi que me esperara en casa y fuimos al súper grande que estaba en la Ronda de Capuchinos. Por el camino, Juanma iba callado y con el ceño fruncido, pero a mí eso no me preocupaba. Yo tenía una mochila nueva y el hecho de que él tuviera el mono no me iba a estropear el momento. Una vez en el supermercado, me apremió para que lo siguiera hasta donde estaban los macarrones, que era un estudiado punto ciego del establecimiento para el campo de visión tanto de las cajeras como del vigilante que custodiaba la entrada. Una vez allí, aguardó a que no pasase nadie, abrió la cremallera de mi flamante mochila y comenzó a llenarla, a toda prisa, de todo con lo que fue capaz de arramplar de los estantes. Pastas, latas de albóndigas, chorizo, arroz, aceite, filetes empanados, hamburguesas, lentejas, garbanzos… nada estaba a salvo de acabar dentro de mi mochila. Yo no dije nada porque ya tenía bastante con preocuparme de no perder el precario equilibrio al que me estaba sometiendo la cada vez más exagerada carga de mi espalda. De momento, conseguía mantenerme, pero cuando pensaba que había acabado, llegó lo peor. Me cogió del brazo y me arrastró hacia el estante donde se encontraban los licores. Allí me atiborró la carga de botellas de ron, *whisky* y no sé qué más bebidas. La cremallera estaba tan tirante que apenas podía mantenerse cerrada y daba la sensación de que en cualquier momento iba a ceder, provocando la explosión de aquel macuto que llevaba dentro medio supermercado. Yo tenía que emplear toda mi fuerza y concentración en cada paso que daba para no caerme de espaldas y quedarme pataleando como una tortuga panza arriba. Adelantar un pie, posarlo en el suelo, asegurarme de que está bien fijado, tomar aliento, y repetir la operación con el otro pie; así una y otra vez. Juanma me metía prisa con la mirada al mismo tiempo que trataba de disimular de cara a los demás clientes del supermercado, casi todo señoras. Sudando, yo por el esfuerzo, y Juanma por los nervios, logramos cruzar la salida contra todo pronóstico. Sin embargo, aunque ya pudiera notar en mis mejillas el alivio del aire de la calle, no tuve tiempo de sentirme libre, ya que, en un abrir y cerrar de ojos, un comando formado por dos cajeras y el vigilante de la puerta salieron del súper y cortaron nuestro paso rodeándonos estratégicamente.

—¿Qué llevas ahí? —dijo el vigilante señalándome, pero preguntando a Juanma.

—Nada.

—¿Qué te crees? ¿Que somos tontas? —increpó una de las cajeras.

—No, no…

—¿Entonces?

—Vale, vale… lo devuelvo, lo devuelvo —contestó Juanma acorralado.

—De «lo devuelvo» nada —se negó la otra cajera—. Tú no te mueves de aquí. —Entonces, dirigiéndose a su compañera, la apremió—. Conchi, llama a la policía.

—¿Es que no os cansáis? Esta es la tercera vez que vienen a robarnos esta semana. Con lo que le cuesta ganar cuatro perras a la gente —sermoneó, el vigilante.

Juanma, entonces, se aprovechó del hueco que había dejado Conchi para huir corriendo de allí, dejándome a mí abandonada a merced de las fuerzas de la ley, las cuales hicieron su aparición a los pocos minutos en forma de pareja de policía local con ínfulas de *sheriff* del condado. Las clientas del supermercado que iban saliendo no quitaban ojo a la escena. Algunas se detenían para no perder detalle del desenlace. Cada vez que esto ocurría, uno de los agentes les decía que siguieran adelante y no hicieran corrillo, pero ellas daban dos pasos y volvían a pararse. El otro policía se dirigió a mí.

—Quítate la mochila. —Yo obedecí y la puse en el suelo—. Ábrela. —Hice lo propio—. ¿Y todo esto qué es?

Yo no sabía qué contestar, pero jamás delataría a mi madre. Aunque tuviera que pagar mi silencio con la cárcel. El policía me insistía y yo, que ya me veía entre rejas, no pude sino ponerme a llorar ante tal perspectiva. Me separarían de mi madre y de mi Susi, que era el único ser viviente que el día que no estaba conmigo me esperaba con paciencia sin moverse de casa. Cuanto más insistía el agente en sus preguntas, más lloraba yo. La gente, al ver a una pobre niña empapada en lágrimas ante dos desagradables policías, empezó a aglomerarse alrededor nuestra. Finalmente, mi cerebro dio con una frase y se aferró a ella con desesperación.

—No sé, no sé… Yo estoy muy nerviosa, muy nerviosa…

—¿Nerviosa? Anda, trae —dijo mientras cogía del suelo mi mochila nueva y se la entregaba, toda repleta, al vigilante. Ahí me despedí de mi regalo.

—Sí… estoy muy nerviosa…

Alguna voz de entre el público gritó «¡Anda, que ya podréis, ya! Dos tiarrones para una niña chica», a la que siguió otra diferente manifestando que «robar comida no es robar». La opinión social estaba de mi lado, y los policías, que se daban cuenta, optaron por que abandonáramos el lugar justo en el momento en el que alguien, un poco soliviantado, gritó «¡No tenéis vergüenza!».

—A ver, chiquilla. ¿Tú dónde vives? —me preguntó uno de los policías intentando parecer conciliador.

—¡Ay! No me acuerdo… Estoy muy nerviosa.

—¡Cómo no te vas a acordar de dónde vives! Venga, piensa.

«¡Por qué no llamáis a los refuerzos!», gritó otra voz con indignación.

—Venga, niña. Que te vamos a llevar a casa —me apremiaba el agente.

Yo no me podía permitir arrastrar a la policía al piso, así que improvisé.

—Me acuerdo de la dirección de mi abuela.

—¿Tu abuela?

—Sí.

—Venga, pues vamos.

Entonces, me subieron al coche ante la inquisidora mirada de las clientas y los paseantes y me condujeron directamente a casa de mi abuela. Yo albergaba la esperanza de que me dejaran en la esquina y siguieran su marcha, pero pararon el vehículo y ambos bajaron conmigo para escoltarme. Hacía mucho que no iba por casa de la abuela. Aún recordaba lo que me dijo cuando decidí irme a vivir con mamá. Al ver el coche patrulla, mi abuela salió a la puerta para ver qué ocurría. Los agentes se lo contaron, mientras mi abuela escuchaba asintiendo y me echaba miradas de reojo.

—Y ahora la niña dice que no se acuerda de dónde vive —acabó diciendo el policía.

—Sabe perfectamente dónde vive. Lo sabe perfectamente —contestó mi abuela en un tono que casi fue una riña a los municipales.

—Es que está muy nerviosa y…

—¿Nerviosa? ¡Ja! Me río yo de los nervios de esta. —Entonces se dirigió a mí—. Anda, dile dónde vives. Dile quién es tu madre. Venga, díselo, ¿sabe por qué no lo dice? Porque la madre estará mareada. Por eso se lo calla, ¿estoy diciendo alguna mentira, niña?

Yo mantuve mi silencio. Pude ver a mi hermano José asomado a la puerta con cara de susto. A él sí me gustaría verlo más, porque a menos que me lo cruzara por la calle, apenas teníamos contacto.

—Bueno, señora —dijo uno de los policías hartándose—. ¿Es su nieta o no es su nieta?

—Sí, es mi nieta, pero…

—Pues ya está. Hágase cargo. Nosotros ya hemos cumplido. Que tampoco podemos estar toda la tarde con esto. Buenas tardes.

Y se largaron de allí dejándome cara a cara con mi abuela. Ella relajó el gesto y me invitó a pasar, pero yo solo quería estar en mi casa. Así que me fui.

Había sido una tarde de locos y necesitaba algo del consuelo cálido de mi madre. Para mi desgracia, que no para mi sorpresa, cuando llegué al piso me lo encontré vacío, a excepción de Susi, claro. De nuevo me invadió la misma sensación de abandono que cuando las paredes del internado me hacían sentir minúscula en medio de su monumental inmensidad, solo que, en esta ocasión, el bajo donde vivíamos apenas contaba con cuarenta y cinco metros cuadrados. Mi tristeza no tenía nada que ver con las dimensiones del recinto. Esperé un rato, esperanzada en que en cualquier momento entrara mamá por la puerta preocupadísima por mí. Finalmente, con más resignación que cansancio, me metí en la cama con Susi, deseando que se acabara el día. Ya estaba anocheciendo. Me pareció que lo hacía muy despacio. También tenía ganas de llorar y lloré. Pero no como cuando lo hice con los policías, que lloraba de desesperación y con un poco de teatro, sino que en esta ocasión se trató de un sollozo áspero y triste. Lloraba para mí, fruto de una agonía solitaria que explotaba hacia adentro. Me abracé a Susi, la única que siempre estaba a mi lado y, sin querer desmerecerla, imaginé con toda la fuerza que pude que se convertía de repente en mi madre y yo me acurrucaba a su lado mientras ella me acariciaba y me decía que lo sentía por lo mal que lo había pasado. De repente se hizo de día.

CAPÍTULO 13

Se fueron acumulando los meses en la calle Arrayán. Tiempo era lo único que acumulábamos, ya que la casa cada vez estaba más vacía. Cuando vendió la tostadora no vi venir el principio del vaciamiento casi total del piso. A esta le siguió un sillón bueno que teníamos en el salón y después la lavadora, ahí empecé a sospechar. En cuestión de días, nuestro pequeño piso, equipado con cariño cuando mi madre salió de la cárcel, se tuvo que conformar con mantener a duras penas dos camas, un sofá, una mesita baja y cuatro cacharros de cocina con el antiadherente gastado. En ocasiones, cuando se daba alguna semana buena de ventas y a mi madre le entraba la culpabilidad, restituía algún electrodoméstico, o incluso me traía un juguete, pero estos artículos, tal como entraban, salían de una semana para otra. Así pasaba la vida mi madre, comprando y vendiendo.

Los robos a tiendas también eran cada vez más habituales. Como el que le dieron a un obrador y la Susi y yo estuvimos desayunando, almorzando y cenando pasteles y mantecados durante una semana. Para este tipo de golpes, mi madre prefería la colaboración de su hermano Antonio. Incluso antes que la del tal Juanma, cuya única función solía ser quedarse en el coche a vigilar.

Recuerdo que llegué a casa, en la que no había nadie, y vi en nuestro sofá, que resistía al expolio, al menos treinta chaquetas de entretiempo de mujer con sus respectivas etiquetas y todo. Las tiendas de la zona empezaban a cambiar el género y eso hacía que en ocasiones relajaran las medidas de seguridad de su almacenaje. Modernísimas chaquetas rojas y azules o elegantes y más sobrias cazadoras. También había abrigos de todo tipo y tamaño. Tanto colorido y diversidad de patrones me encandiló, así que, tras probarme gran parte de las prendas, decidí no desaprovechar aquella oportunidad para jugar a montar mi propia tienda de la forma más realista posible. Con entusiasmo y diligencia agarré parte del género y lo llevé a la calle, donde lo expuse colgando algunas chaquetas en la reja de la ventana exterior y colocando otras cuidadosamente una al lado de la otra, en el suelo. Después empecé a cantar mi género, imitando al carnicero del mercado de la calle Feria. No faltó la transeúnte que se interesara por algún precio, pero al decirle yo que unas quinientas pesetas, por ejemplo, decidió pasar de largo, oliéndose que algo no pintaba bien.

Cuando mi madre regresó de donde estuviera y vio mi tenderete por poco no le da algo. Se puso blanca del susto y al mismo tiempo que maldecía mi estampa a gritos, cogió toda la ropa y la devolvió apresuradamente al interior del piso. Después, muy preocupada, me preguntó si algún policía había visto la ropa robada. Yo hice memoria y le contesté con alivio que no. Ella, no satisfecha aún con la respuesta, apeló a nuestro pacto de no mentirnos para que me lo volviera a pensar, y yo me reiteré en que ningún policía había pasado por allí. Después de volver a respirar, me dijo que nunca más se me pasara por la cabeza hacer esas cosas porque podrían acabar con ella en la cárcel de nuevo. Yo, asustada, juré tanto a ella como a mí misma no ser tan estúpida en adelante.

Dos días después consiguió colocar las chaquetas a un matrimonio vecino que se dedicaba a la venta ambulante y que tenía puesto fijo los domingos en el mercadillo de Alcosa. Aun así, desde aquel día algo cambió en el humor de mamá. Mantenía las persianas cerradas, abroncaba a los yonquis que venían a por su dosis para que no se amontonaran en la puerta, porque eso daba mucho el cante, o le hacía mil preguntas al tal Juanma cada vez que entraba o salía para asegurarse de que no lo había seguido la policía, cosa que habitualmente desembocaba en discusiones más o menos intensas. Muchas discusiones.

Mayo del mismo año

Mi relación con el tal Juanma no mejoró con el tiempo. De hecho, yo hacía todo lo posible para que no lo hiciese. Cuanto más tiempo pasaba mamá con él, más heroína fumaba ella, y cuanto más se drogaba, más se alejaba de mí. Por esto yo contaba con la obligación moral de hacerle saber a todas horas que no era bienvenido. Me inventaba dolencias, a veces de cabeza, otras de barriga, cada vez que los veía juntos para asegurarme de atraer toda la atención de mamá hacia mí. Tan persistentes eran mis interpretaciones que una vez incluso conseguí que mi madre me llevara a urgencias.

En una ocasión logré sacar de quicio al tal Juanma con este método. Ocurrió una noche en la que mi madre y él estaban juntos en su dormitorio. La puerta estaba cerrada y yo con el oído pegado a esta, conseguí descifrar una serie de sonidos. Besos, lametones y otros ruidos parecidos que, aunque no supiese definir exactamente, eran bastante obvios. Empecé a golpear con los nudillos la puerta mientras llamaba a mi madre. Ella me preguntó sin levantarse de la cama:

—¿Qué pasa, Rocío?

—Me duele la cabeza —improvisé.

—Siéntate en el sofá, que ahora salgo.

—Vale.

Pero yo no me senté, sino que volví a llamar y repetimos la conversación casi punto por punto. La tercera vez ya no contestó. Supongo que tendría la esperanza de que yo desistiera ante su indiferencia, pero no fue así. Seguí llamando y llamando, una y otra vez. No sé cuánto tiempo estuve dándole golpecitos a la puerta, ¿veinte minutos? ¿Media hora? Perdí la noción del tiempo. En un momento dado, la puerta se abrió de golpe. Era Juanma que, en calzoncillos, me miraba fijamente con tal rabia que me dio miedo por primera vez. Entonces, me agarró del cuello, me levantó del suelo y me lanzó al sofá con fuerza. Yo estaba segura de que su intención era darme una paliza. Lo veía decidido a resarcirse conmigo de una vez por todas. Tal vez, incluso le hubiese caído algún palo a la Susi. Menos mal que estaba allí mi madre, que como una pantera saltó a interponerse entre el tal Juanma y yo, también en bragas.

—¡Como se te ocurra tocarle un pelo a la niña, te mato!

—Pero ¿no la estás viendo? ¡No para de joder!

—Te lo repito. Tú tócala otra vez, si tienes cojones, ¡que te mato!

—Tendrá que aprender a que no puede dar tanto por culo, ¿o qué?

—¿Llamo al Antonio? ¿Lo llamo?

—¡Lo hace a propósito! ¿No lo ves?

—¡Que no la toques!

Siguieron peleándose en los mismos términos un rato hasta que el tal Juanma comenzó a golpear la pared y la puerta. Después, con los puños hinchados, se puso los pantalones y salió de la casa rumbo a ninguna parte sin camiseta, y eso que hacía bastante frío en la calle.

Aquella victoria en mi particular guerra con el impostor,

para mi decepción, no significó apenas nada, pues al día siguiente ya habían hecho las paces y el tal Juanma estaba otra vez por mi casa como si nada. Incluso llegué a dudar de si se acordaban de verdad de lo que había sucedido la noche anterior.

Los días siguientes

En realidad, sí que cambió algo. El ambiente se empezaba a notar algo enrarecido y una losa de mal humor pesaba sobre nuestras cabezas con una fuerza no aplastante, pero sí constante. Durante aquel lapso de mi vida todo me daba bastante coraje y saltaba por cualquier tontería, cosa que comprobaron, sobre todo, mis primos Antoñito y Ángela, con los que me peleaba a golpes y tirones de pelo, día sí y día también. No tenía nada contra ellos, todo lo contrario, pero había momentos en los que una bestia iracunda parecía poseerme y hacía que me embarcara en batallas en las que no tenía opciones de victoria. Como aquella mañana en la que yo, desde la puerta de mi casa, me entretenía mirando a mi primo Antoñito jugar con su hermanito Sergio, que ya andaba y empezaba a hablar, a hacer burbujas con un pompero, en la puerta de la suya, en la planta de arriba. Me gustaba mirar al niño chico jugar. En un momento dado, el juego se fue tornando en disputa porque Antoñito no permitía que Sergio utilizase el pompero, hasta que logró hacerlo llorar. En realidad, ese parecía haber sido el objetivo en todo momento del hermano mayor. No podía quedarme quieta ante aquello, así que intervine desde mi umbral.

—Anda, Antoñito, déjale hacer pompas a él, que no se las has dejado ni un poco.

Pero mi primo hizo como si no me oyera. El pequeño Sergio sí se percató de mi intervención y me miraba desde su casa implorando que hiciera algo.

—Yo *tero hasé* pompas —me rogó con su irresistible vocecilla.

—¡Antoñito! ¿No me oyes? ¡Que le dejes las pompas al niño! —Pero nada. Mi primo seguía jugando con el pompero haciendo como si yo no existiera. Aquello hizo que la bestia iracunda abriera un ojo. Subí los veinte escalones que separaban el bajo de la primera planta y me coloqué frente a él—. ¿Ahora qué? ¿Se lo vas a dejar o no?

—¡Qué pesada eres! —me contestó por fin, dándome la espalda.

—Pesada no, ¿es que no ves que está tu hermano llorando?

—¡Yo *tero hasé* pompas! —argumentó el chico entre lágrimas y mocos. Mi primo Antonio nos miró a los dos y se metió dentro de su casa pensando que así se libraría de mí, llevándose consigo el pompero de la discordia. Yo lo seguí hasta su salón.

—¡Que me des el pompero o te lo quito yo! —le espeté.

—¿Pero a ti qué te importa?

—¡Mucho, me importa mucho!

—¡Yo *tero hasé* pompas!

—¡Que me dejes en paz! —me dijo Antoñito, cada vez más harto de mí.

—¡Que me lo des!

Y como no me lo daba, con un rápido movimiento se lo quité de las manos y me alejé de él de un salto. Antoñito, sorprendido y enfadado, me persiguió por su salón durante unos minutos hasta que me dio alcance y consiguió echarle mano al pompero. Forcejeamos durante un rato, pero no consiguió arrebatármelo. Entonces mi primo decidió cambiar de estrategia y me propinó un guantazo con la mano abierta, que acertó de lleno en mi mejilla derecha. Tan fuerte fue el tortazo que, entre este y el tira y afloja en el que estábamos metidos, perdí el equilibrio y caí de espaldas con la mala suerte de golpearme el reverso de la cabeza con la parte de madera del brazo de su sofá, con tal violencia que perdí la consciencia durante unos segundos.

Cuando desperté tenía observándome a escasos centímetros de mi cara a Antoñito y a mi tía Ángela. El pequeño Sergio jugaba al fondo con el pompero sin interesarse en absoluto por mi estado. Me dolía muchísimo la cabeza, estaba mareada y me había salido un chichón enorme en el lugar del impacto. Mi tía, con preocupación, me preguntaba que cómo estaba, pero yo no contesté y salí llorando de su casa. Bajé las escaleras con cuidado porque se movían mucho y, antes de entrar en mi piso, mi madre, recién levantada, salió alertada por mi llanto.

—¿Qué te ha pasado, Rocío?

—Que… el primo Antonio me ha pegado —dije entre sollozos y con la mano en el bulto cada vez más grande.

—¿Que te ha pegado? —me preguntó con incredulidad.

—Sí.

—¿Pero muy fuerte?

—Muchísimo… Me he desmayado y todo.

—¿Qué? —dijo mi madre, sin poder dar crédito a lo que oía—. ¿Dónde te ha pegado?

—Aquí —le contesté señalándole el chichón. Ella lo palpó con la mano y abrió los ojos con asombro.

—¿Esto te lo ha hecho el primo Antonio?

—Sí. —En aquel instante pude ver a la bestia iracunda de mi madre. Era mucho más peluda y grande que la mía.

—¡Pero ese niño está loco!

Y justo después de aquella observación trepó como un gorila por la escalera para encararse a mi tía Ángela.

—¿Tú has visto lo que le ha hecho tu hijo a mi hija?

—Sí, sí. Lo he visto, ¿cómo está?

—Pues ¿cómo va a estar? A ver si no la tengo que llevar al hospital… —dijo mi madre exagerando.

—Ay, hija, lo siento…

—Lo siento no.

—¿Cómo que lo siento no?

—Algo habrá que hacer con el niño ese.

—¿Qué quieres que haga? —preguntó mi tía poniéndose a la defensiva.

—Algo. Porque eso no es normal.

—Son cosas de niños, Manoli… Y relájate un poco, anda.

—¿Que me relaje? ¡Cómo me voy a relajar si casi me la matan!

—Anda, anda… no exageres.

—¡Exagero si me da la gana!

—¡A mí no me hables así! A ver si la vamos a tener de verdad.

En ese momento, justo cuando más caliente estaba la cosa, asomó la cara mi primo Antoñito, que estaba escuchando a su madre pelear con la mía. Mi madre, en el momento que lo vio, lo acusó con el dedo y le gritó:

—¡Asesino! ¡Tú eres un asesino!

—¡Vete de mi casa ahora mismo! —le dijo mi tía a mi madre.

—¡Asesino! —seguía chillando la bestia iracunda a través de la boca de mi madre, al mismo tiempo que iba bajando la escalera. Mi tía, por su parte, le gritaba para que se callase y no dijese más locuras. Mientras tanto, mi primo y yo, asomados a nuestras respectivas puertas, observábamos el guirigay sin saber cómo tomárnoslo. Finalmente, cada una de las adultas se metió en su casa dando un portazo que, al menos en el caso de mi madre, casi descuelga el marco de la puerta. Una vez las tres dentro, mamá, la Susi y yo, se dirigió a mí para ordenarme:

—Ya no juegas más con el Antoñito, ¿te enteras?

—¿Qué?

—Que no juegues más con ese niño.

—¿Por qué?

—Porque no.

—Pero ¿nunca? —Mi madre se lo pensó un poco antes de responder. Respiró un poco y el aire en sus pulmones hizo que a la bestia iracunda volviera a entrarle sueño.

—Por lo menos esta tarde.

Yo asentí, pero sin la menor intención de hacerle caso, ya que sabía que en cualquier momento mi madre saldría y ya no volvería hasta bien entrada la noche.

CAPÍTULO 14

Verano del 92

Ocurrieron muchas cosas ese verano. La primera gran novedad de aquellos meses fue que a mis abuelos les tocó la lotería. Fue un cupón de la ONCE de los que mi abuelo vendía. Siempre sobraba alguno al terminar el día y él tenía la costumbre de quedárselo por si había suerte. Treinta años tardó en surtir efecto aquel sistema. Con el dinero del premio cambiaron de vivienda y se mudaron a un lujoso piso de nueva construcción que contaba con noventa lustrosos metros cuadrados y tres dormitorios en la calle Liria. Además, el edificio disponía de ascensor y de portero automático, que para mí era una especie de elemento mágico. Su antigua casucha fue abandonada primero y vendida algo más adelante a una pareja joven, que optó por la opción de demolerla entera, al ser más barato echarla abajo y edificar de nuevo que intentar arreglarla.

La Expo

Un día mamá y Juanma decidieron que fuéramos a la Expo, al igual que todos los sevillanos. Tenían dinero debido a una buena semana de ventas y este ya les quemaba en el bolsillo. Había que deshacerse de él a toda costa. Decían que en la Expo había un cine donde las películas se salían de la pantalla y un tren que iba por encima de la gente. Yo no podría asegurarlo porque resulta que también, nada más entrar, estaba el pabellón de la Cruzcampo, que consistía en una especie de bar gigantesco con un muñeco enorme del Gambrinus por fuera y de tres o cuatro plantas de mesas y barras con tiradores de cerveza y tapas. También era una fábrica de cerveza abierta al público. Podría extenderme en cada detalle de aquel recinto o citar paso a paso el proceso de la elaboración de la cerveza tipo Pilsen, ya que nos pasamos allí el día entero y tuve tiempo de sobra para recorrerlo de arriba abajo unas cuantas veces.

Cuando salimos del pabellón ya era de noche y mi madre y el tal Juanma estaban muy borrachos, así que nos fuimos a casa. Sin dinero.

Ahí acaba mi experiencia en la Expo.

Sobre mediados de julio

Mi abuelo tenía un amigo que se llamaba Paco y que era taxista. En verano, mis tíos y mi madre se lo turnaban para que nos llevase a pasar el día a Chipiona. Nos llevaba, nos esperaba en el chiringuito, con los gastos a nuestra cuenta, y nos traía.

Un día, siendo aún mis abuelos propietarios de su antigua casa, mi madre y yo nos dirigimos a su nuevo piso porque, según me dijo, íbamos a pedirle el teléfono de Paco al abuelo. Cogimos por San Luis, hasta llegar a la plaza de San Marcos para subir después por la Hiniesta, hasta que nos plantamos ante el moderno portón ubicado en la calle Lira número cuatro. Entramos en el edificio y mientras esperábamos el ascensor me di cuenta de que se nos veía raras en un bloque tan nuevo. Me pregunté si sería solo por la ropa que llevábamos o tal vez porque aquellas paredes eran de mármol y nosotras, sin duda, éramos de tierra.

Dentro del piso esa sensación desapareció, allí seguía oliendo a mi mundo. Yo le pregunté a mi abuela por el José y ella me dijo que estaba en su cuarto. Allí fui sin dejar de sorprenderme por lo espacioso y moderno que era todo. En la cocina mi abuelo mojaba un chusco de pan en un descafeinado con leche y en el salón mi madre hablaba con mi abuela.

—Mamá, estoy pensando una cosa —empezó diciendo mi madre después de coger un botellín de cerveza de la nevera y sentarse en el sofá, como siempre.

—Uy, miedo me da —respondió mi abuela ocupando la adusta mecedora que tenía enfrente.

—Que no es para tanto, mujer.

—A ver por dónde me vas a salir tú ahora.

—Tú sabes que este verano, con el calor que hace, más de una vez nos iremos a Chipiona a echar el día.

—¿Quieres que se lo diga a Paco?

—Sí. O dame el teléfono y yo lo llamo.

—Vale, ¿eso era lo que querías pedirme?

—No, no... O sea, sí, eso también. Pero hay otra cosa...

—¿A qué tanto misterio, coño? Como si me fueras a sorprender tú con algo.

—A ver... Tú sigues teniendo la casa de Arrayán, ¿no?

—Claro. ¿Y para qué quieres tú esa casa? Dártela no te la voy a dar, y comprármela tampoco puedes.

—No voy por ahí.

—¿Entonces?

—Los días que nos vayamos a la playa, necesito que alguien se ocupe de... mis cosas.

—¿De qué cosas? La niña va contigo, ¿no? O Tampoco la vas a llevar.

—Claro que me la llevo. No me refiero a eso.

—Pues ya me dirás qué cosas.

—Me refiero al negocio, mamá.

A mi abuela le entró un fuerte ataque de silencio repentino y no movió un solo músculo de la cara. Parecía que se había convertido en un muñeco de cartón. Daba la impresión de que todo su cerebro estuviese dedicado a la única tarea de procesar lo que acababa de oír y no tuviera tiempo para realizar ninguna otra función como, por ejemplo, reaccionar. Finalmente preguntó muy despacio:

—¿Quieres que yo venda droga?

—Solo cuando yo no esté.

—¿Pero cuántos días vas a estar fuera?

—No… bueno, iré a echar el día… pero la cosa no es esa… También lo digo pensando en un futuro.

—¿En qué futuro? A mí háblame claro.

—Bueno, tú sabes… Pienso en que la mercancía está mejor fuera de mi casa, para cuando vengan las redadas y esas cosas… O imagínate, puede que haya momentos en los que me detengan y pase algunos meses en la cárcel… Últimamente está la cosa fatal con la policía, están deteniendo a casi todo el mundo.

—Sí, ya sé, ya sé… Eso es por lo de la Expo.

—Ya… Bueno, ¿qué dices?

—Pues, ¿qué voy a decir? Que no.

—¿No?

—¡Vamos, hombre!, yo estoy como para hacerme camella a estas alturas… Ni pensarlo.

—Pero, mamá, no te he dicho que…

—Díselo a alguno de tus amigos, esos que tienes.

—No me fío de ninguno, mamá.

—¿Y te fías de mí?

—Más que de ellos —respondió después de pensar cómo podía decir que no, pero sin que se notase demasiado.

—Anda, anda… pues no hay nada que hacer.

En ese momento se levantó de su mecedora, que quedó tambaleándose, y fue a la cocina como para dar el asunto por zanjado, pero mi madre la siguió hasta allí. Mi abuela cogió un paño húmedo y empezó a pasarlo por la encimera, aunque esta ya estaba limpia. Allí, en la cocina, seguía mi abuelo en su silla de ruedas, el cual había escuchado toda la conversación, pero no había abierto la boca más que para meterse los trozos de pan con café.

—Pero, mamá, que no me has dejado terminar…

—Pues termina.

—No estoy diciendo que tengas que hacerlo gratis. —Mi abuela permaneció en silencio mientras seguía dándole a la encimera, cosa que mi madre se tomó como una muestra de interés—. Los paquetillos te los dejaría yo preparados, y se vende cada uno a mil pesetas. De ahí tú te quedarías con cien. —Mi abuela dejó el paño y miró fijamente a mi madre.

—Trescientas —contestó sin inmutarse.

—¿Trescientas?

—Trescientas.

—¡Si eso es lo que yo le gano!

—Pues es lo que hay.

—Si con cien te vas a sacar cinco o seis mil pesetas al día.

—Si quieres que venda droga, tiene que compensarme.

—Doscientas.

—Vale. Doscientas —aceptó finalmente mi abuela después de sopesarlo unos segundos.

Mi madre celebró el acuerdo cogiendo otro botellín y le dijo que había estado sopesando con sus hermanos la mejor forma de hacerlo y habían pensado en esconder los paquetillos en el patio trasero, porque sabían que esa zona no aparecía en el catastro. La ingeniosa manera en la que procederían sería la siguiente. Con ayuda del tal Juanma, moverían algunos muebles de la cocina, además del frigorífico, para colocarlos tapando la puerta de acceso al patio, dejando solo un hueco para poder pasar de un lado a otro. Aquella pequeña entrada resultante sería disimulada por mi abuelo, que se colocaría con su silla de ruedas ocultándola. A él le daba igual, ya que para quedarse mirando las musarañas, lo mismo le daba un sitio que otro, y a todos les pareció una gran idea porque pensaron que nadie sospecharía de un hombre mayor discapacitado. Convinieron también que solo se atenderían clientes por la mañana, para evitar que la gente fuera muy pasada de rosca y, por último, acordaron una contraseña para llamar a su puerta que solo conoceríamos los miembros de la familia. La clave consistía en dar tres toques seguidos de nudillos. Después había que esperar un segundo o dos y dar otros tres toques más. Pom, pom, pom, esperar y pom, pom, pom. Eso sería suficiente para que mi abuela supiera que no era necesario colocar a mi abuelo delante de la entrada al patio.

A partir de aquel día, cada vez que volvíamos de Chipiona, mi madre se pasaba por la calle Lira y se repetía de manera casi ritual la misma conversación:

—¿Qué? ¿Cómo ha ido la cosa? —preguntaba mamá.

—Pues regular, hija, regular... Está todo muy parado —contestaba mi abuela casi siempre. Mi madre siempre tuvo la sospecha de que se quedaba con más de lo acordado, pero nunca se lo dijo, que yo sepa.

Agosto de 1.992

Tal vez por esas sospechas de robo, o puede que porque mi madre y el tal Juanma cada vez se metían más, a partir de la segunda mitad del verano dejamos de ir a Chipiona. Mi jornada estival se volvió monótona, ya que se limitaba a ayudar a mi madre a preparar las dosis de caballo para su venta. Primero pesaba en una balanza antigua pequeñita el polvo marrón hasta llegar a la cantidad de un gramo, después lo envolvía en pequeños trocitos de bolsa de plástico y luego, para terminar, sellaba con la llama de un mechero cada paquetillo. Aquello me entretenía, pero no me divertía, por eso, aunque esta actividad supusiera un desarrollo de mis capacidades manuales, yo añoraba Chipiona.

CAPÍTULO 15

Aún agosto del 92

Menos mal que a veces llamaban a la puerta y era mi primo Enrique que me decía:

—Rocío, corre, que la tita Salud nos ha invitado a la piscina de su parcela.

Y allá que íbamos los niños y mis abuelos a echar el día. A sus hermanos nunca los invitó. En aquel oasis las drogas, los robos, los yonquis y la prostitución eran sustituidos por la piscina, la paella, el Cola Cao con galletas y las colchonetas hinchables.

Otros días eran mis tíos Ángela y Antonio los que me llevaban en su 127 como una más de sus hijos, a un paraje en el parque del Gergal, en Guillena, al que nosotros le decíamos la Rivera. Estaba muy bien porque una podía tumbarse a la sombra de un alcornoque o una encina, y después darse un chapuzón en un lago que había allí.

—Si esto es igual que ir a la playa, y lo tenemos aquí al lado —decía mi tío sin creérselo ni él mismo.

Lo habitual era que echáramos el día los niños corriendo por ahí y los mayores entre botellines y porros, pero aquel jueves, cuando mis primos y yo llegamos al lago para bañarnos, resultó que nos habían cogido la vez. Había sido ocupado por unas ocho o nueve vacas y toros que se estaban refrescando y no daba la sensación de que tuvieran ninguna prisa.

—¡Anda! —dijo mi prima Ángela—. ¿Y ahora qué hacemos?

—Espera, a ver si así… —contestó su hermano al tiempo que cogía un pedrusco y se la tiraba a las vacas.

—¡Eh! ¡No le tires piedras! —protesté yo.

—Es que, si no, no se van —me argumentó.

—Pues si no se quieren ir, que no se vayan. Que también tienen derecho al lago.

—Pero entonces, ¿cómo vamos a bañarnos? —preguntó Ángela.

—Pues con cuidado. Si cabemos perfectamente —respondí haciéndome la diplomática.

Sin embargo, al acercarnos más al lago, comprobamos que este no lucía su transparencia habitual, sino que una tonalidad entre verduzca y marrón opacaba sus aguas. Además, apestaba de tal manera que hasta a la Susi le dio un poquito de rechazo.

—¡Puaj! Qué asco —dijo el Antoñito.

—Está toda sucia y huele fatal —constató Ángela.

—Es verdad… —dije yo mientras pensaba qué hacer. Entonces mi primo, que conocía cómo me las gasto, se dirigió a mí y me retó.

—Anda, valiente, ¿tú no te querías bañar con las vacas?

—¿Qué te crees? ¿Que no me atrevo? —respondí sin poder evitarlo.

—¡A ver!

—Rocío, no te bañes. Está asquerosa —me pidió Ángela.

—Déjala —seguía diciendo mi primo—. Si no se atreve.

Sin dignarme a contestar, me quité la camiseta y me metí en las aguas mugrientas de la charca del Gergal de Guillena. Lo cierto es que, una vez superada la primera impresión, disfruté muchísimo mi baño, ante la mirada de repugnancia de mi prima, las carcajadas de mi primo y la atenta indiferencia de las vacas, que no me quitaban ojo. Susi apenas se revolcó un poco en la orilla, lo justo para combatir el calor, pero nada más. Por mi parte, yo chapoteé, buceé y nadé hasta cansarme. Creo que no tragué agua, pero no pongo la mano en el fuego.

Para cuando salí, mis primos ya hacía rato que habían dejado de hacerme caso y estaban practicando su puntería lanzándole piedras a una encina. Yo fui con ellos y el trío, junto con la perra, volvimos con mis tíos que, sonrientes y con los ojos cargados, nos tenían preparados tres bocadillos de queso para merendar.

Ya habiendo llegado la noche y en casa, con mi madre y el tal Juanma despachando a la última clienta, que casi siempre era Mayka, yo empecé a no sentirme demasiado bien. De hecho, me encontraba fatal. En una escasa media hora, mi cuerpo pasó de tiritar de frío a sudar como un pollo. Aparecieron entonces las erupciones rojas casi moradas, feísimas, por toda la piel de mi pequeño cuerpo. Picaban una barbaridad, eso es cierto, pero lo peor, sin duda, fue la fiebre altísima que me atacó. Cómo estaría de mala que Mayka, al ir a despedirse de mí, solo tuvo que verme la cara para exclamar:

—Manoli, esta niña no está buena, ¿eh? A esta niña hay que llevarla al Macarena.

Mi madre y el tal Juanma estuvieron de acuerdo.

A partir de ahí mis recuerdos son difusos. Debí desmayarme. Tengo algunos *flashes* de lucidez en los que abría los ojos y me veía tumbada en el asiento trasero del 127 de mi tío Antonio, con la cabeza apoyada en el fino muslo de mi madre. Oscuridad. Otra vez, volvía en mí durante unos segundos y veía el rostro de mamá, pero muy difuminado. También luces de hospital que me pasaban por encima muy rápido. Y mucha gente vestida de blanco yendo y viniendo en un mareante trajín de ensoñaciones.

En un momento, todo se calmó. Estaba consciente, pero aún no había abierto los ojos, porque los párpados me pesaban un kilo cada uno. La cabeza me dolía aún un poco y yo tenía la sensación de haber estado durmiendo cuatro o cinco años. No sabía con seguridad dónde me encontraba, pero supuse que en el Hospital Macarena. En cualquier caso, sí tenía la certeza de que no estaba en mi casa. Poco a poco, la amalgama de sensaciones que se arremolinaban en mi cabeza se fue ordenando, hasta que fui capaz de diferenciar unas voces desconocidas. Identifiqué cuatro distintas. Dos de hombre, una de mujer y una de niña. Eran voces amables y glaseadas. Cuando por fin conseguí abrir los ojos comprobé que, efectivamente, estaba en una habitación de hospital y que el exceso de dulzura provenía de los alrededores de la cama de mi compañera de cuarto. Esta era una niña rubia con unos tirabuzones preciosos, una piel blanca y suave y una cara tan angelical que solo podía admitir el azul como color de sus ojos. A su alrededor brotaban los ramos de flores con celofán, las cajas de bombones y los tebeos de Mortadelo en apabullante abundancia. Sus acompañantes eran, seguro, los padres y un abuelo, los cuales no dejaban de decirle lo valiente que era, lo bien que se estaba portando y lo pronto que iba a estar en casa con sus muñecas. Ella correspondía a los halagos con unas sonrisas tan brillantes que ni la misma Marisol, hasta que su mirada se tropezó con la mía y de repente se le ensombreció el rostro. Sus familiares giraron la cabeza y me miraron también. Así estuvimos unos segundos, sin abrir la boca. Me recordaron a las vacas del Gergal. Parecía que creyesen estar mirando una pantera salvaje a la que es mejor no poner nerviosa. Conseguí reunir fuerzas para saludar.

—Hola.

—Hola —dijo la niña sin soltar la mano a su padre.

—¿Dónde está tu mamá? —me preguntó la otra madre con miedo.

—No sé —respondí chequeando la habitación con la mirada, por si aparecía en un rincón—. ¿Dónde está la Susi?

—¿Quién? —Pero yo no tenía fuerzas para explicárselo.

En un momento dado, el abuelo, que parecía de largo el más normal del grupo, dijo.

—Bueno, no pasa nada. Yo aviso a la enfermera de que te has despertado.

Entonces la madre, que sería su hija, me dio la espalda y le susurró a su padre, creyendo que yo no me enteraba.

—Bueno, pero no tienes por qué ir tú, papá. Que tú has venido a ver a tu nieta.

El abuelo limitó su respuesta a echarle una mirada que parecía decir «vaya tela tú también», y salió de la habitación para volver con una enfermera muy simpática a los dos minutos, que me informó de la situación y me cambió la medicación que me estaban administrando de manera intravenosa. Se llamaba Adoración, pero le decían Dori y tenía ese tipo de caras que es imposible imaginar enfadadas. Me dijo que era una campeona y que, si seguía respondiendo bien a los antibióticos, en uno o dos días seguro que el médico me daba el alta. También me preguntó si alguno de mis padres iba a venir por allí, y yo me encogí de hombros.

—Supongo que mi madre —dije.

—Vale… ¿Tienes hambre?

—¡Sí! —Siempre la tenía.

—Pues mejor, porque ya mismo van a traer la cena.

—¿La cena? —dije extrañada

—Sí, si son casi las ocho.

—Es que como es tan de día, creía que era por la mañana… ¡Vaya caraja tengo en lo alto!

Después de soltar una buena carcajada, Dori me hizo una caricia y fue a comprobar la bolsa de suero de mi angelical compañera, tarea para la cual tuvo que pedir a sus familiares que se apartaran un poco de su camino, porque estaban en todo el medio. Yo noté con satisfacción que conmigo era mucho más simpática que con la otra niña. Después nos dijo a todos que la hora de visita terminaba en diez minutos, les pidió a los acompañantes que fueran despidiéndose y estos se indignaron un poco porque alguien sin los galones oportunos les estuviera metiendo demasiada prisa.

Cuando me quedé a solas con la otra niña, esta echó mano a la mesilla de noche y sacó de su cajoncito una Dulcelina. Para el que no lo sepa, la Dulcelina puede que sea una de muñecas más bonitas y espectaculares que haya inventado el ser humano. No son muy grandes, pero no les hace falta presumir de tamaño, porque su principal atractivo radica en que van vestidas con una falda con volantes de época victoriana, a la que, si se le da la vuelta, la muñeca se convertía en una magdalena. Esta, en concreto, era de color morado y llevaba en la cabeza, como si fuera una pamela, la parte de arriba de la magdalena. Su pelo era castaño y largo y toda ella era una preciosidad a la cual yo podía dejar de mirar con fascinación. La deseé, la deseé tanto que casi no pude soportar no tenerla en mis manos, así que en un momento dado le dije a la otra niña:

—¿Cómo te llamas?

—Lucía —respondió sin mirarme y sin preguntarme mi nombre.

—Ah... Oye, esa Dulcelina es superbonita.

—Sí, pero a mí me gusta más la verde, que la tengo en mi casa. Esta me la acaba de regalar mi madre.

—¿Tienes otra? —dije sin disimular mi asombro.

—Tengo tres más —me contó con engreimiento.

—¡Anda!

—Sí. Y esta es la más fea.

—¿Y me la dejas un poco cuando termines?

Entonces Lucía giró el cuello para mirarme. Su cara ya no parecía un querubín, sino la de un demonio disfrazado de querubín, y, con un despotismo atroz, me dijo:

—No.

Y siguió jugando con ella unos treinta segundos más. Después la devolvió a su cajón y empezó a ojear un Mortadelo. Aquello me humilló primero y me sublevó después.

¿Qué le importaba a la niñata esa que yo jugara un poco con la Dulcelina? Ni que se la fuera a romper solo con tocarla. Menos mal que la cena llegó enseguida. Comer no me eliminó toda la rabia, pero me hizo relativizar. Después de que Dori nos retirara las bandejas y nos diese las buenas noches, lo cierto es que me caí dormida enseguida. No sé qué haría mi compañera.

El día siguiente fue una constante procesión de familiares entrando a visitar a Lucía. Sus padres estaban de manera permanente, y ejercían de anfitriones para una larga comitiva de primos, primos segundos, tíos, tíos terceros, nietos cuartos... ¡qué sé yo! Y, por supuesto, todos venían con su pertinente regalito para la enferma. Yo también tuve visitas que me dieron mucha alegría. Sobre mediodía vinieron mis tías Ángela y Juli y estuvieron un rato conmigo. Los familiares de Lucía nos miraban de reojo, sobre todo a mi tía Juli, porque hablaba muy fuerte, a consecuencia de su sordera, y ellos debieron pensar que era por ser pobre. Noté con desagrado que mis dos tías estaban un poco apabulladas ante tanta mirada por encima del hombro.

Sin duda, la visita que más ilusión me hizo fue cuando por la tarde apareció mi primo Enrique, sudando como un pollo porque llevaba puesta una cazadora en pleno agosto. Antes de que yo le preguntara por qué iba tan abrigado, se bajó la cremallera de la chaqueta dejando asomar la cabecita de mi Susi, que sin pensárselo dos veces saltó a mi cama loca de contenta para llenarme la cara de lametones. La madre de Lucía iba a entrar en colapso nervioso de ver allí a la perra, lo que hacía la escena más disfrutable. Estuvo solo diez minutos, precisamente para que no tuvieran que echarlo, pero a mí me alegró el resto del día.

Al día siguiente un médico vino por la mañana y me dio el alta. Me dijo que antes de las seis de la tarde tenía que dejar la cama libre. Yo supuse que vendría alguien para recogerme. Por suerte, mi tía Ángela me había traído ropa el día anterior. Al final, a eso de la cinco y media, fue mi madre la que entró por la puerta. Yo me alegré mucho de verla y, todo sea dicho, me supuso también un alivio que a mi compañera en ese preciso instante le estuvieran realizando unas pruebas y no hubiese allí nadie de la otra familia porque se la veía un poco colocada. O bastante.

—¡Hola, Chati!

—¡Hola, mamá! —dije dándole un abrazo. Ya me habían quitado la vía de la mano.

—¿Cómo estás?

—Pues bien. Ya estoy bien.

—Ea, pues venga, cámbiate de ropa que nos vamos a la casa.

—Vale.

Entonces, mientras me desvestía, mi madre, refiriéndose a la cama repleta de regalos de Lucía, me preguntó.

—Anda, ¿hay otra niña aquí?

—Sí.

—Pues mejor, ¿no? Así no te habrás aburrido. Os habréis hecho amigas.

—Qué va.

—¿Qué va por qué?

—Porque no me ha dejado ni uno solo de sus juguetes. Y eso que tiene ahí en el cajón la Dulcelina morada y no juega con ella porque dice que es la más fea y que tiene otras dos en su casa, pero a mí no me la ha querido dejar.

—¿Que no te la ha querido dejar? —Yo noté esa mirada que mi madre ponía cuando alguien le tocaba mucho la moral.

—No.

—Bueno, no pasa nada, tú acaba de vestirte rápido, anda.

Y sin darme ninguna explicación, salió al pasillo. Al poco volvió con una de las bolsas de basura grandes que cogió de un carrito de la limpieza y, con agilidad felina, fue metiendo ahí todos los regalos que a Lucía le habían estado haciendo sus familiares. Menos los ramos de flores, todo: Mortadelos, bombones, muñecas, juegos de plástico de té... Cuando llegó a la Dulcelina me la dio en la mano y me dijo.

—Esta guárdatela tú.

Y yo me la eché al bolsillo. Entonces me cogió de la mano y, a paso ligero, incluso dando pequeños trotes de vez en cuando, abandonamos el recinto hospitalario y nos fuimos a pie hasta mi casa. Yo pensé que Lucía se lo tenía merecido y que si hubiera sido más amable no habría perdido sus regalos. Jamás le haría algo malo a alguien que fuese bueno conmigo, me decía.

La Dulcelina morada fue la reina de mis juegos de té durante toda una semana, hasta que llegó un día en el que dejé de verla, y di por sentado que habría acabado expuesta en una manta en el suelo del mercadillo del jueves de la calle Feria, pero no me puse triste. Pensé que su misión conmigo había acabado y que ahora partía a hacer feliz a otra niña que la necesitase de verdad. Además, estaba segura de que así sería, porque las niñas angelicales como Lucía no compraban sus juguetes en el mercadillo del jueves.

CAPÍTULO 16

Supe que el nuevo curso había empezado porque aquel mediodía Susi y yo no dejábamos de cruzarnos con grupitos de niños cargando con mochilas nuevas por la calle Feria. Decidí de todas formas asegurarme, así que empecé a caminar en dirección a casa de mi amiga Ana, ella lo sabría con seguridad. Por el camino, aún por Feria, el escaparate de la tienda de fotos me abdujo, como siempre hacía. Había permanecido cerrado por vacaciones, y ahora, al retomar la actividad, había renovado todas las fotos. La más grande de todas las imágenes estaba, orgullosamente, en el centro de la vitrina, y mostraba a un niño vestido de comunión con la mirada repleta de trance místico enfocada hacia el cielo. A su alrededor, más retratos en tamaños más humildes con niños y niñas en diferentes poses. Había desde los que estaban disfrazados de Papá Noel, hasta los que estaban montados en un caballo de cartón con sombrero cordobés. Aquel escaparate significaba tener la fama al alcance de la mano, y yo debía estar ahí. Lo malo era que tendría que convencer a mi madre para que me llevara a retratarme y además lo pagara (una sesión de ese tipo no se puede robar), y en aquel momento no veía yo a mi madre muy por la labor, ni de una cosa ni de la otra.

Tanto ella como el tal Juanma habían disparado su consumo en los últimos meses. Empezó a fumar plata delante de mí de manera habitual. Es verdad que yo la había visto hacerlo alguna vez, pero fue más por algún descuido de ella que por otra cosa. Después de aquel verano, ese cuidado se evaporó como se evapora la gota de heroína en la cuchara. Ella y el tal Juanma fumaban con naturalidad en casa hasta quedarse noqueados en el sofá o en su cama. Cuando eso ocurría, yo me acercaba a mi madre y me aseguraba de que le latía el corazón pegándole la oreja al pecho, y le echaba una mantita por encima si veía que refrescaba.

El negocio se resentía. El flujo de clientes se fue mermando poco a poco, y es que, a los yonquis, si se encontraban con la puerta cerrada, no les costaba nada pasar de largo hasta el punto de venta de la competencia, que no estaba lejos. No tardó en darse la situación de que casi todo lo que se ganaba por un lado se dedicaba a pagar la adicción de los dos por otro. Por eso digo que, si pretendía que mi madre me hiciera la dichosa foto, debería emplearme a fondo.

Primero de octubre de 1.992

Aquella misma tarde me decidí a convencerla, así que preparé toda la artillería. Le hablaría de que todos los niños tienen una foto menos yo y que a todos se las pagan sus madres, debía echarle mucho drama.

Eran las seis, por lo que había muchas posibilidades de encontrarla en el Pumarejo, así que hacia allí me dirigí. Efectivamente, en un banco de aquella plaza encontré a mi madre con el tal Juanma sentados al lado de otros dos hombres que no me sonaban de nada. Los cuatro compartían litrona y porro mientras hablaban de manera un poco acalorada. Fui acercándome al banco, pero no me fue necesario llegar hasta él, ya que mi madre, en cuanto nos vio a Susi y a mí, vino para nosotras como si nos hubiera estado esperando toda la tarde. Una vez hubo llegado hasta donde nos encontrábamos, acercó mucho su cara a la mía, como si fuera a hacerme una confidencia:

—Hola, Chati.

—Hola, mamá.

—¿Dónde estabas? Te he estado buscando.

—Por ahí... —dije extrañada de esa inusual preocupación por mi paradero—. Yo también te estaba buscando a ti. Y sabía que estarías aquí.

—Pues vale... Oye.

—¿Qué?

—¿Me dejas mil pesetas? Después te las devuelvo, estoy esperando que vengan a pagarme una cosa. En el momento en que me paguen, yo te doy las mil pesetas a ti.

—¿Qué?

—Que si me dejas mil pesetas. Después te las devuelvo. De verdad.

A mí no me hacía falta preguntarle para qué quería las mil pesetas, su mono la delataba.

—Pero es que después seguro que no me las devuelves —le dije. Para mí lo de menos era el dinero, no era eso lo que me inquietaba, sino arriesgarme a que mi madre no cumpliera su promesa.

—¡Que sí, Chati, que sí! Si te digo que te las devuelvo, te las devuelvo. Ya sabes que yo a ti no te miento.

—Ya... —contesté dudando—. Además, no tengo tanto.

—¿Cuánto tienes?

—Pues... trescientas, creo.

—Vale, dámelas. Después te las devuelvo.

—Bueno... pero devuélvemelas, ¿eh?

—Que sí, Chati, que sí... que te las devuelvo.

Saqué entonces de mi bolsillo un pequeño puñado de monedas. Había dos amarillas de cien pesetas y otras cuatro monedas con agujero, de veinticinco. Me dio las gracias, un beso y se volvió hacia el banco donde los demás hombres, impacientes, esperaban el resultado de su gestión. Cuando estuvo con ellos les enseñó las monedas en la palma de su mano y todos las escrutaron con suma atención. Otro sacó más monedas de su bolsillo y las juntaron. Mientras se entretenían en contar el total de su montante, yo me di la vuelta resignándome a aparcar el tema de la foto hasta otro momento. Quién sabe, a lo mejor era verdad que después le iban a pagar algo. Yo en principio decidí fiarme. Al fin y al cabo, me había dicho de manera clara, y mirándome a los ojos, que me lo iba a devolver y yo no la pensaba capaz de romper nuestro pacto sublime de no mentirnos entre nosotras jamás.

Al día siguiente

Serían sobre las 12 de la mañana cuando me tomé la libertad de recordárselo aprovechando que se encontraba en casa y que parecía estar de buen humor, cosa rara. En aquel preciso momento ella estaba en el sofá liándose un porro de hachís.

—Mamá.

—¿Qué pasa, Chati? —me dijo, mientras daba el pellizco al papel asegurando la forma cilíndrica del canuto.

—¿Me devuelves las trescientas pesetas?

Ella entonces pasó la lengua por la tira de pegamento del papel de fumar, tomándose su tiempo. Estaba aprovechando aquel segundo o dos para dilucidar una respuesta convincente.

—¿Ahora?

—Sí. Me dijiste que me lo ibas a devolver.

—Ya, pero ¿ahora mismo, te hace falta?

—Sí, porque quiero ir a las maquinitas con la Susi.

—¿Y por qué no llamas al Antoñito y os dais una vuelta?

—Porque está en el colegio.

—Ah.

Mi madre entonces mantuvo un silencio. Noté que la había puesto en un aprieto. Le daba caladas lentas al porro mientras pensaba.

—¿Me lo vas a devolver o no? —Tuve que hacerme notar.

—¿Yo a ti que te dije?

—Que sí.

—Pues eso…

Entonces se levantó del sofá con el canuto entre los dedos y se metió en su dormitorio. A través de la puerta entreabierta, pude ver al tal Juanma durmiendo en la cama, sin enterarse de que mi madre le estaba registrando los bolsillos del pantalón tirado en el suelo. Al poco, encontró algo y salió del dormitorio con el puño cerrado.

—Toma —dijo mientras me entregaba una moneda de veinte duros y tres de cinco pesetas. Yo, tras contar el dinero y desilusionarme, respondí.

—Faltan 285.

—Ya, ya… El resto te lo doy después. Ahora solo tengo esto.

—Pero me dijiste que me lo ibas a dar y no me lo has dado.

—Te he dicho que te lo voy a dar después. ¿No te enteras o qué?

—Me has mentido.

—Yo no te he mentido, Rocío. ¿Yo te he dicho que no te lo vaya a dar? No, ¿verdad? Pues eso. Te lo voy a devolver todo, pero después, que ahora no tengo aquí. Y ya estás callada, que estás muy pesada con las trescientas pesetas.

No contesté. Sabía que mi madre no tenía el dinero, aunque en ese momento las trescientas pesetas eran lo de menos. Me habría conformado con que hubiese movido cielo y tierra con tal de no faltar a su promesa o con que la culpa la hubiera hecho llorar mientras me imploraba perdón. Yo la habría perdonado, claro. Pero no hizo ninguna de esas dos cosas, sino que se limitó a darme unas migajas y a darme largas. Eso fue lo que consiguió ponerme triste. Mi madre, que se dio cuenta, intentó resolver la situación.

—Oye, Chati, ¿sabes que el piso de al lado tiene agua caliente? Ayer el Juanma y yo nos trajimos una bombona. ¿Quieres que te bañe?

Aclaro: el piso al que se refería era el contiguo al nuestro. Allí habían vivido antaño nuestros vecinos, muy mayores, que para cuando mi madre salió de la cárcel, ellos ya se habían ido. Este tipo de migración vecinal fue normal. En el momento que empezaron a merodear los yonquis por Arrayán, la gente que pudo se largó de allí. Desde entonces, lo usábamos como piso de todos y para todo. Se daba también la circunstancia de que, para enganchar el agua para la planta de abajo, tenía que ser necesariamente desde aquella vivienda, ya que desde la de mi madre era imposible por no sé qué historia de cañerías y contadores. O al menos eso fue lo que mi tío Enrique nos contó cuando nos hizo el apaño. Por eso, cada vez que necesitábamos agua, teníamos que ir allí a cogerla con un cubo. Era un incordio, es cierto, pero así no pagábamos.

—¿Qué me dices? —me insistió mi madre—. ¿Te apetece que te bañe y te ponga guapa? —Sabía dónde tocarme para convencerme. Era consciente de que yo no podría resistirme a un baño donde mi madre me dedicara toda su atención.

—Vale —dije intentando disimular una sonrisilla.

Entonces, nos levantamos del sofá y nos fuimos las tres, mi madre, la Susi y yo, al piso del lado, donde preparó una palangana metálica grande con agua calentita y la puso en medio de lo que en su día fue la sala. La distribución de aquel piso era exactamente igual que la del mío, pero no su orientación, ya que mientras la ventana de mi salón daba a Arrayán, la de este lo hacía a un lateral de edificio donde había un derribo lleno de escombros. Por eso no nos mudamos ahí cuando tuvimos la oportunidad, porque por esa ventana entraban de vez en cuando ratas, cucarachas y todo tipo de bichos. Mi tío Enrique decía que iba a tapiar esa ventana con un tablón, pero eso aún no había sucedido.

Justo después de que mi madre me enjuagara el jabón, una voz desde la calle, con entonación oficial, llamó nuestra atención:

—Manuela Niebla… por favor, abra la puerta. Al habla la Policía Local.

Mamá se puso tensa y necesitó unos segundos para reaccionar. Cuando lo hizo, fue para ir a la desvencijada puerta del piso y entreabrirla con la intención de asomarse. Luego, se volvió hacia mí, que estaba aún dentro de la palangana, y llevándose el índice a la boca, me indicó que guardara silencio. Salió. Yo podía oír la conversación, sobre todo la voz de mi madre, que dijo.

—Sí, soy yo, ¿qué pasa?

—Buenos días, señora. Es usted la madre de Rocío Niebla…

Aquello me extrañó mucho, al mismo tiempo que llamó mi atención. Era la primera vez que un policía preguntaba por mí. Yo busqué en mi cabeza cuál podría ser el motivo de aquello, pero no lo encontré. Entonces, con la intención de no perderme un detalle, salí del agua, me envolví en una toalla y me acerqué a la puerta.

—Sí, yo soy, ¿por? —dijo mi madre.

—Hemos recibido una notificación de asuntos sociales. Al parecer, han sido puestos sobre aviso por parte del colegio de que Rocío no ha asistido a clase desde que empezó el curso. Veníamos a comprobar qué ocurre.

Yo veía la delgada espalda de mi madre debajo del portal de entrada al patio vecinal, pero era como si pudiera verle la cara por la tensión que le notaba en la forma de estar y de moverse. Enfrente de ella, una pareja de policías que nunca había visto antes. Tal vez por eso trataban a mi madre de manera tan educada, aún.

—¿De asuntos sociales? —contestó mi madre en fuera

de juego.

—Sí, señora.

—Bueno, es que la niña ha estado mala, pero ya está mejor.

—¿Qué tenía?

—Pues... no sé decirle... fiebre y diarrea.

—¿Me puede indicar dónde se encuentra Rocío ahora?

—Pues en el colegio.

—¿Seguro?

—Claro.

—Si vamos ahora al colegio, ¿la veremos allí?

—Pues claro, lleva allí toda la mañana.

El policía con el que hablaba mi madre negó para sí mismo con la cabeza antes de replicar.

—Mire, señora, aparte del absentismo escolar, hemos recibido varias denuncias dando a entender que la menor puede estar en situación de desamparo.

—¡Pero qué dice! ¿Quién le ha dicho eso?

—Eso es lo de menos, vecinos... el caso es que tenemos que hacer ciertas comprobaciones ya que...

En ese instante dejé de escuchar porque todos mis sentidos, horrorizados, centraron su atención en el pequeño hocico roedor que empezaba a asomarse a la ventana que daba al descampado. En dos movimientos, el hocico mostró ser la punta de una rata enorme que se había colocado en el quicio de la ventana y que me seguía con la mirada como quien sigue a su presa. Era casi tan grande como Susi, la cual gruñía a mi lado. A nadie cuerdo le gustan las ratas, pero si además estás desnuda, cubierta solo con la toalla, descalza y sin poder salir ni gritar, el desagrado se convierte en un pavor extremo. La rata no me quitaba de encima sus negros ojillos amenazantes, hasta que, en un momento, como activada por un resorte, empezó a correr hacia mí. Cerré fuerte los ojos y me apreté contra la pared en un inútil movimiento instintivo, mientras dedicaba todos mis esfuerzos a controlar que mi boca no gritase. Envalentonada por mi silencio, el roedor dio un salto y clavó sus uñas asquerosas a la toalla que servía de única separación entre sus garras y mi piel. Yo notaba el peso del animal, e incluso pude comprobar cómo trepaba por la toalla hasta mi cabeza, que utilizó como escala para subir a una estantería que había en la pared, no sin arrancarme algunos pelos al saltar desde mi coronilla a la tabla. Me mantuve inmóvil y temblando de manera incontrolada debido al *shock* con el que el terror me había sacudido. Con un gran esfuerzo logré girar el cuello lo suficiente como para alcanzar a ver por el rabillo del ojo a la rata, que desde la altura de su nueva ubicación seguía estudiándome. Entonces, para desesperación mía, por la ventana aparecieron dos más, las cuales entraron y a saltitos se colocaron justo delante de mí. Susi estaba igual de asustada o más que yo y ya ni siquiera tenía fuerzas para gruñir, sino que permanecía hecha una bola entre mis pies, a ella tampoco le gustan las ratas, y menos cuando eran casi tan grandes como ella, pero con mucha más maldad. Si los roedores aún no se decidían a atacarme, fue porque estaban estudiando la mejor manera de acabar con nosotras. Sus pensamientos aparecían de forma nítida en mi cabeza, llegando incluso a solapar los gritos en los que la conversación entre mi madre y la policía se había convertido en aquellos horribles minutos.

—Entonces, nos la llevamos, ¿no? —decía una rata.

—¡Claro! Y al chucho también —le contestó la otra.

—Entre todas y con el hambre que tenemos, esta no nos dura ni dos horas.

—Vale, pero ¿cómo lo hacemos? La matamos aquí primero, ¿no?

—Sí, yo creo que es lo mejor. Así podremos llevárnoslas a pedazos.

—El perro dejádmelo a mí, que tengo ganas de bronca.

Se fueron acercando poco a poco, esperando el instante

idóneo en el que abalanzarse sobre su presa. Yo estaba convencida de que había llegado mi final y lo había hecho de la forma más horrible que pudiera imaginar, devorada por las ratas. Entonces la puerta, de forma salvadora, se abrió de golpe dejando entrar la luz del sol, que convirtió a los monstruos roedores en simples animales asustadizos que huyeron despavoridos en el momento en que mi madre entró en el piso con el paso firme, la respiración jadeante y los ojos llorosos. Me abrazó entonces con todas sus fuerzas. Yo no pude aguantar y rompí a llorar desconsolada. Cuando me calmé un poco, pero solo un poco, le dije:

—¡Mamá!, ¡me querían llevar!, ¡me querían llevar, mamá! —Y volví a llorar sin poder dar más explicaciones.

—Ya lo sé, mi amor, ya lo sé… —me contestó ella tragando saliva—. Pero no voy a consentir que nadie te lleve a ningún lado, ¿te enteras? Nadie te va a apartar nunca de mí.

Ahí, con la cara de mi madre a escasos centímetros de la mía, fue cuando me di cuenta de que también estaba llorando.

Aquella tarde conseguí convencer a mi madre de que me llevara a hacerme la foto. Había algo en el aire que nos obligaba a no separarnos en todo el día, una especie de olor a final que lo condicionaba todo. Cuando llegamos a la tienda, el hombre nos miró por encima de las gafas con desconfianza, pero tanto mi madre como yo estábamos tan acostumbradas a esas miradas que ya no nos afectaban. Después de recibir el pago y con una actitud de estricta profesionalidad, me llevó a la parte trasera del establecimiento, donde pude reconocer todos los cachivaches que tan familiares me eran por haberlos observado antes en las fotos del escaparate. Era como si me hubiera metido dentro de una película. Me vestí con un traje de flamenca que me había dejado mi prima Ángela y posé siguiendo las indicaciones del fotógrafo. Ya podía imaginar mi retrato situado en un lugar privilegiado del escaparate y a todas las personas que pasaran por delante de él admirando el encanto y la gracia de mi porte. Por desgracia para mí, aquel estúpido tendero nunca me colocó entre sus retratos de exposición, por más veces que yo acudiera a su tienda a buscarme entre ellas.

Un día estuve fijándome en mi foto, la cual guardaba como uno de mis mayores tesoros, para tratar de averiguar el motivo por el que no fue expuesta. Me llamó la atención entonces el gesto serio de mi boca y la tristeza de mi mirada. Y más me extrañó porque en el momento de hacerme la foto habría jurado que estaba sonriendo.

CAPÍTULO 17

Diciembre de 1.992

Para cuando llegó la Navidad, la heroína se había apoderado casi con la totalidad del alma de mi madre. Y de la del tal Juanma también, pero ese me importaba menos. La vida de ambos pendulaba de manera constante entre estar colocados y buscar la manera de estarlo. Para lograrlo entraba casi todo: robos, atracos o hasta pedirme prestado a mí. Las dos únicas líneas que se resistía a cruzar mi madre eran la de mendigar y la de buscarse una esquina junto a su amiga y clienta Mayka. Y no sería porque esta no se lo hubiese propuesto, ya que lo hacía cada vez que la veía apurada, sino porque en el interior de mi madre aún permanecía el brillo de cierta llama numantina de dignidad que, aunque adoleciese de una debilidad tal que resultaba casi imperceptible, soportaba los soplidos tercos con los que la droga trataba de apagarla.

9 de diciembre de 1.992

Esta luz hacía que, de vez en cuando, mamá contase con ramalazos de lucidez en los cuales se acordaba de mi existencia y de la de Susi. Aquella mañana, estando la perra y yo sentadas en un banco de la calle viendo cómo colgaban las luces de Navidad en el Multicentro Alameda, apareció mi madre de un insólito buen humor y me dijo que la acompañara, que tenía una sorpresa. «¿El qué?», le pregunté con desconfianza, y me contó que íbamos donde las monjas. Eso era al otro lado del arco de la Macarena, al lado del Parlamento Andaluz. Era un complejo al que tenía aún cierto reparo, ya que se trataba del mismo en el que estuve internada de pequeña, solo que en esta ocasión iría por otra puerta.

El caso es que, según me contó, nos dirigíamos a recoger unos vales que la Junta de Andalucía, en colaboración con la congregación religiosa, le había otorgado a mi madre para canjearlos por ropita o juguetes para mí en los almacenes Vilima, en la calle Puente y Pellón, así que... ¡Nos íbamos de compras!

—Pero, Chati —me decía mientras enfilábamos San Luis—, no te vayas a creer que esto de hoy van a ser los Reyes, que para el día de Reyes tienes que pedir otra cosa. Esto te lo voy a regalar yo porque hace mucho tiempo que no te regalo nada.

—¿Los Reyes? Anda ya, mamá —contesté haciendo valer toda la madurez de mis diez años de vida.

—Anda ya, ¿qué? ¿Por qué dices eso?

—Por lo de los Reyes. ¿Tú te crees que yo no sé lo que pasa con los Reyes?

—¿Qué pasa con ellos?

—Si lo sabes perfectamente, no te hagas la tonta. —Ella sonrió divertida de que no me atreviera a verbalizarlo. Yo habría detenido el tiempo en aquel preciso momento para atrapar esa sonrisa.

—No me hago la tonta, Chati, es que no sé a lo que te refieres.

Entonces, pensé «¿Quieres jugar? Vale, juguemos», e ideé la estrategia perfecta para obligar a mi madre a que me contase, sin posibilidad de escapatoria, la verdad sobre los Reyes Magos, si es que ese era su verdadero nombre.

—Vamos a ver, mamá. Nosotras tenemos un pacto, ¿verdad?

—Verdad.

—Entonces, no nos podemos mentir, ¿no?

—Eso es.

—Solo podemos decirnos la verdad.

—Sí.

—Pues ahora dime.

—¿Qué?

—¿Los Reyes Magos existen?

Mamá se detuvo en seco, se colocó delante de mí cortándome el paso y se agachó para que nuestras miradas coincidiesen a la misma altura, como hacía siempre que me iba a decir algo importante.

—Vamos a ver, Rocío. Los Reyes Magos existen solo si crees en ellos. Si crees, son tan reales como tú y como yo. Ahora bien, si dejas de creer, dejan de existir. Así que tú verás.

Y, dicho esto, se puso en pie y siguió caminando. Yo pensé en decirle que eso era un truco y que yo ya era mayor como para creerme todo aquello, pero justo antes de que de mi boca saliese la primera sílaba, me contuve por si acaso. No vaya a ser que... Al fin y al cabo, supongo que dentro de mí también debía arder alguna llamita que se resistía a apagarse.

Resto de diciembre de 1.992

Lamentablemente aquellos destellos solo suponían un pequeño oasis en medio de un vasto y frío desierto, ya que la tónica habitual era que se me comiera la soledad. Las horas destinadas a subsistir fueron ganando terreno hasta que pasaron a convertirse en mi principal preocupación diaria. Subsistir y esperar. Incluso cuando jugaba, estaba esperando. Al principio llenar la tripa no era algo complicado, ya que bastaba con presentarme en casa de cualquiera de mis primos con la esperanza de que mis tías, Ángela o Juli, me sentaran a su mesa, como siempre habían hecho. Las iba alternando, a mis tías, creyendo que así conseguía disimular un poco el hambre, pero un día mi tita Ángela me preguntó de manera directa, y conociendo de sobra la respuesta, si es que mi madre no me había dejado nada preparado para comer, y yo le mentí diciéndole que algo habría, pero que yo prefería no estar sola. Era medio verdad, si lo pienso. El caso es que con el fin de que no se me notara demasiado el ansia, decidí reducir mis comidas a solo dos diarias. Así además trataba de proteger a mamá de las críticas, pero por mucho que yo me hacía la atendida, algo debían olerse mis tías, porque tanto la una como la otra me bañaron y me cambiaron de ropa más de una vez sin que yo se lo pidiese:

—¡Uf, Rocío, cómo estás! Ven, anda, que te voy a dar un baño que te vas a quedar nueva —me decían.

Así fui tirando durante algunas semanas hasta que aquel recurso acabó por agotarse, ya que a sus maridos empezó a no parecerle bien que pasara tanto tiempo en sus casas mientras sabían que mi madre andaba por ahí.

—¡Que la bañe su madre, que es la que tiene que hacerlo! Nosotros ya tenemos bastante con lo nuestro —decían sin que les faltara razón.

Tuve que concebir, pues, otras alternativas para mitigar el hambre. Fueron varias las ocasiones en las que nos presentamos la Susi y yo en casa de mi amiga Ana, donde su madre siempre se las ingeniaba para tener un plato de comida y una cálida sonrisa que ponerme por delante, fuera la hora que fuera. Un día Ana me confesó con vergüenza que su madre le había dicho que ella sí podía ser amiga mía y que las puertas de su casa siempre estarían abiertas para mí, pero que no se le ocurriera jamás ir a la mía en Arrayán, ni ir a ningún otro lugar donde hubiera nadie de mi familia. Yo no me enfadé, me dio mucha pena, pero no tuve más remedio que entenderlo. El caso es que dejé de ir de manera tan habitual por ahí también.

Comenzamos entonces la Susi y yo a pasar, si cabe, más tiempo entre los adoquines callejeros y las portadas de las iglesias sevillanas, ya que entre mis cuatro paredes era imposible encontrar nada que llevarse a la boca. Los recovecos y las esquinas que las calles formaban, con sus tiendas y sus bares, pasaron a ser para nosotras una frondosa selva, y nosotras dos monas salvajes que saltaban de rama en rama buscando cualquier cosa que sirviera de alimento. Eso sí, sin bajar en ningún momento la guardia porque, sobre todo en las noches, en estos inhóspitos parajes habitaban peligrosos animales nocturnos que cazaban monas como nosotras. Desarrollamos sin quererlo cierto desparpajo que la gente que nunca ha pasado hambre llamaría picaresca, como si fuera algo bonito. Lo más habitual era llevar nuestra salvaje y simiesca presencia al bar de Félix. Me presentaba allí y decía:

—Hola, Félix. Que dice mi madre que me pongas una tapa de solomillo al *whisky* y una Coca Cola, que ella viene después y te lo paga.

Era mentira, claro, pero aun así Félix me la servía, saltándose la primera de sus normas. Yo siempre estaba esperando el día en el que me dijese «Se acabó, ya no me engañas más. Sé perfectamente que me estás mintiendo»; pero afortunadamente Félix sabía reconocer la mirada fatigada del hambre. Otras veces nos descolgábamos de la liana en la tienda de ultramarinos de Nieves, en nuestra misma calle Arrayán. Nieves tampoco me negó el paquete de arroz que solía pedirle, por larga que fuera la lista de fiado que tenía de mi madre, cuyo único interés era el estadístico. Con aquel arroz, que aprendí a hervir preguntándole cómo hacerlo a la misma Nieves, y con unas patas de gallina que un carnicero del mercado de la calle Feria tenía a bien guardarme, aplaqué nuestros pequeños estómagos simiescos no pocas veces.

No puede decirse en sentido estricto que durante aquellas Navidades no viera nunca, nunca, nunca a mi madre, pues casi siempre, cuando Susi y yo decidíamos que en la calle no había ya nada que hacer y llegábamos al piso, de madrugada, mamá solía encontrarse allí, dormida con la ropa de la calle, en el sofá, en su cama o en la mía. Era una forma de dormir que no transmitía reposo, sino más bien ausencia vital, como si estuviera apagada. Una vez comprobada la existencia de vida, me acurrucaba junto a ella y me echaba su brazo por encima como si me estuviera abrazando. En otras ocasiones me la encontraba discutiendo a gritos por la calle con su hermano Antonio o con el tal Juanma. Con este las broncas comenzaron a ser habituales y casi siempre por mí, como descubrí una vez que me encaminé al bar de Félix y al ver que, en la única mesa, con un litro de cerveza y dos vasos, se encontraban discutiendo mi madre y el tal Juanma, me resolví por pegarme a la pared y acercarme lo suficiente para alcanzar a enterarme de la conversación sin ser descubierta.

—Pues tú ya sabes lo que yo pienso… —decía él—. Pero no te lo quiero decir porque te pones como te pones.

—¿Y cómo me pongo? —respondía mi madre poniéndose.

—Pues así, con la escopetilla cargada.

—Hombre, tú verás.

Juanma tomó aire y bebió cerveza. Sabía que iba a meter el pie en terreno pantanoso, pero estaba decidido a hacerlo. La situación lo requería.

—A ver, Manoli, ¿esta carta cuándo te llegó? —decía señalando con la cabeza a unos papeles con aspecto oficial que habían encima de la mesa.

—¿Cuál? —fue la evasiva respuesta de mi madre.

—¡Esta, coño! ¿Cuál va a ser?

—Tranquilo, chaval…

—Pero ¿cuándo?

—El martes.

—Martes. Y hoy es viernes, ¿no?

—Sí. Creo que sí.

—Y tú ni has contestado, ni has llevado a la niña, ni nada.

—Ni lo voy a hacer.

—Pero mira que eres cabezona.

—Cabezona no, cojones. Eres tú el que está todo el puto día con el temita.

—Pero si es que, si no la llevas tú, te la van a quitar. Y eso va a ser peor. Que es que no te quieres enterar —dijo Juanma alzando la voz.

—¡Anda ya!

—Como te la quiten, que sepas que no te la devuelven. Eso tenlo claro.

—¡A ver si tienen cojones!

—Pero ¿a ti qué más te da? Si tú no le echas ni cuenta. Va a estar mejor allí que en tu casa, y lo sabes.

Entonces mi madre se levantó de la mesa y se encaró con él.

—¡Que te calles, cojones!

—¡Pues no me da la gana! Si es que es verdad.

Respondió él sin levantarse y sin dejarse achantar. La escena empezó a atraer miradas curiosas.

—Pues a ver si te voy a meter una hostia.

—Venga, dámela. Aquí, en la cara. Dámela, venga.

—Vete a mamarla, ¡hijo de puta!

Zanjó mi madre al tiempo que se daba la vuelta y se largaba de la mesa. En su ímpetu, sin pretenderlo, pero sin evitarlo, le propinó un golpe a la mesa con el muslo, haciendo caer la litrona y empapando los pantalones del tal Juanma, que, ahora sí, se levantó de un salto tirando atrás la silla en la que estaba sentado.

—¡Mira cómo me has puesto! ¡Que estás colgada, tía! —le iba gritando a la espalda de mi madre mientras la veía alejarse. Félix anotó la litrona en su libreta

31 de diciembre de 1.992

La Navidad siguió avanzando con su cruel paso de manera indolente. Nunca antes había sentido que era pobre hasta que llegó aquella Nochevieja. Mi madre estaba por ahí, y yo estaba recibiendo al nuevo año en casa de mi tita Ángela. Como no teníamos uvas, hicimos bolitas con la miga de un mendrugo y nos las comimos al ritmo de las campanadas. Nos afanamos en cumplir con el rito con la solemnidad que merecía, ya que tanto a mis primos y a mis tíos, como a mí misma, nos sobraban los deseos importantes que pedir. Lástima que nuestras uvas fueran falsas, ya que hasta la magia necesita una inversión mínima para que sea efectiva.

5 de enero de 1.993

Aquel cinco de enero era luminoso en su mañana. El sol de invierno calentaba los muros de nuestro patio vecinal, donde mi madre se encontraba afanada en la tarea de darles una mano de pintura a sendas bicicletas que había robado la noche anterior de una farola de la Alameda. Primero tenía que lijar las estructuras para que la pintura cogiese bien y no se notara tanto que estaban disfrazadas. Yo salí de nuestro piso bajo recién despierta frotándome los ojos. En un momento dado me dijo que fuera al piso de mi abuela a avisar a mi hermano José, porque esas bicicletas eran para nosotros. «Un regalo de Navidad», me dijo. La mía era rosa y la de José azul. Yo avisé a Susi, que estaba dándose un baño de sol apoyada en una pared, para que me siguiera, y las dos corrimos a casa de mi abuela. En cinco minutos estábamos de vuelta con mi hermano José. Cuando llegamos al patio vimos las dos bicicletas tiradas en el suelo a medio lijar, pero no encontramos a mi madre. Nos fue fácil averiguar su paradero al escuchar una fuerte discusión desde el interior de mi pequeño bajo, que tenía la puerta abierta, en Arrayán

32 nadie cerraba la puerta para discutir. No sabría adivinar cómo habría empezado la riña, pero en el punto en el que mi hermano y yo la pillamos, mi madre y Juanma solo se insultaban. Entre los dos empaparon el ambiente de la mañana de todo tipo de perrerías dialécticas hasta que de repente el sonido de una bofetada secó el ruido de manera repentina. Al poco, salió el tal Juanma de la vivienda con la mano en la mejilla, enrojecida y algo hinchada. Se dirigió furioso hasta el portal, allí se dio la vuelta y le gritó a mi madre:

—¡Ni se te ocurra seguirme! ¡Vete a tomar por culo!

Y abandonó Arrayán 32 con la firme intención de hacerlo de manera definitiva. Al minuto, fue mi madre quien, con los ojos llorosos y el rostro descompuesto, salió corriendo del bajo hacia la calle, en busca del tal Juanma. Yo miré a José, al que se le notaba profundamente incómodo. Y no era para menos ya que, aunque yo estaba más acostumbrada que él a presenciar este tipo de escenas, en aquella ocasión sí tuve la impresión de que algo se había quebrado ahí.

Al rato mi madre volvió a cruzar el patio de vecinos. Yo la llamé, pero ni siquiera me veía. Sin decir palabra, entró en nuestro bajo y, de alguna manera, todo quedó en silencio. Silencio de muerte, no de calma. Nosotros esperamos un buen rato sin saber cómo debíamos actuar, hasta que mi mirada se cruzó con la de Susi, que me apremió con los ojos.

—¿Es que no piensas hacer nada?

Aquello me sobresaltó de repente y, corriendo como nunca, atravesé el umbral de nuestra casa. Allí, con solo girar la cabeza, comprobé que la puerta del baño estaba cerrada y me temí lo peor. Afortunadamente no tenía el pestillo echado, así que la abrí para encontrarme a mi madre de cuclillas con la espalda apoyada en una esquina y con dos blísteres de pastillas vacíos en el suelo y otras tantas en la mano, las cuales iba engullendo de una en una ante mi horrorizada mirada. Salté a agarrar de la muñeca la mano que portaba las píldoras como si portara un cuchillo, y mi madre se resistía intentando aferrarse con todas sus fuerzas a la muerte. Forcejeamos un rato hasta que mi madre consiguió apartarme con la pierna y plantarme la planta del pie en el pecho con la fuerza suficiente para atraparme entre este y la pared. No podía hacer nada más. Era inútil, yo sola por la fuerza no sería capaz de evitar que mi madre engullera aquellas pastillas. En aquel preciso instante irrumpió mi hermano José, que permanecía petrificado contemplando la escena desde la sala. Yo recuperé los ánimos para seguir luchando con renovada fe en la victoria.

—¡José, corre, quítale las pastillas de la mano! ¡Que se quiere suicidar!

Mi hermano no reaccionaba, mi madre lo miraba, yo no salía de mi perplejidad. Susi daba saltos a nuestro alrededor.

—¡Venga, José! No te quedes parado. ¡Por favor!

Le supliqué.

Entonces él dio dos pasos lentos hacia atrás. «No, no te vayas», pensé. De repente mi hermano mayor, superado por la situación, se dio la vuelta y salió corriendo de allí a refugiarse en casa de mi abuela. Mi madre entonces cambió el rumbo de su mirada coincidiendo con la mía, empañada de lágrimas. Retiró el pie con el que me tenía inmovilizada y sacó otra pastilla. Yo me levanté y me coloqué, también en cuclillas, junto a ella. Le sujeté la barbilla con la mano y le levanté la cabeza para que me mirara los ojos. Tenía que mantener con ella la conversación más importante de mi vida. Ni siquiera era consciente de que estaba llorando.

—Mamá… no…

—Tranquila, Chati, mi niña.

—No… Deja las pastillas, por favor te lo pido… No te suicides.

Mi madre se metió otra en la boca. Al intentar repetir la operación yo le di una palmada en la mano, tirando al suelo la píldora. Eso no la hizo desistir en su empeño y cogió otra pastilla. Los efectos de la medicación empezaban a hacerse presentes en mi madre, cuya mirada se estaba tornando espesa. Los párpados empezaban a caérsele.

—Mamá, por favor... —Yo ni siquiera sabía si era demasiado tarde.

—Es lo mejor, Chati.

—No, no es lo mejor. Es lo peor.

—Si vas a estar mejor sin mí. Eso seguro que lo sabes. —Su voz estaba dotada de una dulzura que yo no había escuchado antes en ella.

—¡No! No es verdad.

—Sí lo es —decía mientras su cuello iba perdiendo la fuerza y se revelaba incapaz de sostener la cabeza.

—No, mamá. No me dejes sola. Hay mucha gente que te quiere. —Mi madre sonrió incrédula, mientras los ojos se le cerraban—. Me tienes a mí, a los titos, a las titas, a los primos... Estamos muy bien juntas, yo me apaño estupendamente.

—Si soy un desastre, Chati... soy un desastre...

—No lo eres. Eres la mejor madre del mundo. La más divertida, la más luchadora. Yo solo quiero parecerme a ti. Yo te quiero muchísimo y no aguantaré vivir sin ti... Mamá, ¿mamá? ¡Mamá, despierta, por favor! ¡No me dejes!

Ella dejó caer la cabeza para atrás y cerró los ojos definitivamente. Antes de perder la conciencia, sus labios fueron capaces de susurrar una última palabra.

—No...

Yo vi cómo todo el universo se desmoronaba en un instante. Y no solo eso, sino que yo misma estaba dejando de existir. Como si una ráfaga de aire me hubiera abierto en canal y hubiera esparcido mis entrañas al viento para que dejasen de tener sentido. Un terror inasumible me sacudió entera de dentro hacia fuera, haciéndome cada vez más inexplicable la existencia. Estaba demasiado aturdida para pensar nada. Solo pude apoyarme en la pared, como el guerrero exhausto al que ya no le importa que el enemigo le pise los talones.

Como una especie de ensoñación brumosa, recuerdo a mi tío Antonio entrando corriendo en la casa y, de la manera más veloz de la que era capaz, coger en brazos a su hermana y salir de la vivienda para subirla a su 127 amarillo y llevarla a las urgencias del Hospital Macarena.

6 de enero

Le dieron el alta a mi madre después de haberla sometido a un lavado de estómago que por poco no llegaba a tiempo. La paliza psíquica, emocional y física a la que había estado sometida en las últimas horas la había dejado hecha un trapo. El tal Juanma estuvo haciéndole compañía junto a mí aquel día. En un intento de animarla un poco, decidimos ir a merendar rosco de reyes a alguna confitería del barrio. Justo después de tomar asiento, mi madre y Juanma fueron juntos al baño a fumar plata. Yo intenté evitarlo sujetándola del brazo, pero Juanma me miró y me dijo con contundente tranquilidad.

—Hoy no, Rocío. Hoy no.

Le hice caso. Yo tampoco tenía fuerzas para luchar. Después hablaron. Hablaron largo y tendido, en la confitería primero y en mi casa después. A veces lloraba mi madre y a veces lo hacía el tal Juanma. Ya caída la noche, se dieron un abrazo sincero y el tal Juanma salió por la puerta andando tranquilo, descargado de rencores y remordimientos. Antes de salir, me miró y me revolvió el pelo en lo que interpreté como un apretón de manos amistoso. Yo acepté la tregua, sobre todo porque sabía que no volvería a verlo. A enemigo que huye…

CAPÍTULO 18

Febrero/marzo de 1.993

Mi madre decidió que, en el tiempo libre que le permitiera la heroína, cogería el toro por los cuernos en lo que a mí se refería. Había recibido varios avisos, o mejor dicho amenazas, por parte de los asuntos sociales de la Junta de Andalucía, los cuales le informaban de que en el caso de que no procediese a mi escolarización de manera urgente y se ocupara de mis necesidades, le retirarían mi custodia, y la única manera que mi madre encontró para cubrir las dos exigencias fue buscarme un internado. No es solo que no se viera capaz de cuidarme, es que ni siquiera encontraba las fuerzas para intentarlo. Hoy he desistido de preguntarme si fue una decisión valiente o cobarde.

A través de una vecina, madre de cinco hijas y ni un solo marido, se enteró de la obra de las Hermanas de la Cruz. En concreto, de la existencia de un colegio interno ubicado en Villanueva del Río y Minas (a unos 40 kilómetros de la Macarena), en el cual las monjas parecían estar especializadas en casos *como el mío*. En la estación del Prado de San Sebastián, se subió a un autobús que le llevó a Villanueva y allí pasó una tarde solicitando mi ingreso y viendo las instalaciones.

Una mañana, mamá se dirigió a mí en unos términos muy similares a estos:

—Chati, haz la mochila que te voy a llevar a un campamento.

—¿Qué? —contesté sorprendida.

—Pues eso, que te llevo de campamento. Serán quince días nada más. Ya verás lo bien que te lo vas a pasar. En el sitio ese hay de todo. Hasta piscina.

—Pero, mamá… yo no quiero separarme de ti. No quiero dejarte sola.

—¡Anda ya! Si van a ser solo unos días. Después vuelves y seguimos juntas como siempre.

—No sé… ¿Y la Susi? —pregunté solo por poner alguna traba. La perra sabría buscarse la vida, habíamos aprendido juntas a hacerlo.

—De ella me encargo yo, tú no te preocupes.

—No sé yo…

—Oye, mira, solo van a ser unos días, pero, de todas formas, si tú te quieres venir antes, pues me llamas y yo voy a recogerte.

—¿De verdad? —pregunté queriendo creerla, pero sin lograrlo.

—Pues claro.

—¿Me lo juras?

—Que sí, Chati, que sí. Anda, no seas más pesada.

—Es que…

—Si te lo vas a pasar genial. Al final no vas a querer ni volverte, ya verás.

A mí, ir de colonias sí me resultaba una idea seductora, la verdad. Había conocido a niños que habían ido y venían contando maravillas. Por este motivo tal vez no hice demasiado hincapié en dudar de la palabra de mi madre. Además, me resistía a dar por extinguido nuestro pacto de no mentiras, por muy evidente que resultara la incongruencia de un campamento en estas fechas. Por otro lado, debo reconocer que la perspectiva de hacer tres comidas diarias ayudó bastante a derribar mis resistencias.

Dos días después

El caso es que antes de que pudiera darme cuenta, ya me encontraba frente al azulejo con el retrato pintado de sor Ángela de la Cruz, que da una adusta bienvenida a cada uno de sus conventos y que se sitúa junto a la puerta de acceso, para que la monja pueda vigilar quién entra y quién sale. Entramos juntas, pero a los diez minutos mi madre se fue, dejándome cogida de la mano fría de sor María. Me ocupé, antes de que abandonara el internado, de hacerle jurar de nuevo en voz alta que vendría dentro de quince días a recogerme. Quería que sor María lo oyese.

La prisión provincial Sevilla Uno tenía más elementos en común con un campamento que aquello. ¿Qué podía esperar? Las mismas carceleras, o sea, las monjas, dormían en celdas minúsculas incluso para mí, sobre tablas de madera y sin almohada. Cuando yo vi cómo pasaban las noches, comprendí en parte las pocas ganas de reírse que les quedaban a aquellas religiosas. No sé cómo alguien pudo pensar alguna vez que rezar con la espalda hecha un siete era más del gusto de Dios que hacerlo con la columna vertebral descansada, pero así debía ser, porque si no se habrían puesto colchones hace tiempo.

Mi día a día no era mucho peor que sus noches, ya que este consistía en coser, limpiar y rezar. Y juro que no he resumido ni una pizca la totalidad de mis tareas. Por las mañanas, después de los rezos obligatorios en la capilla, fregaba

Primera semana en el internado

Mi día a día no era mucho peor que sus noches, ya que este consistía en coser, limpiar y rezar. Y juro que no he resumido ni una pizca la totalidad de mis tareas. Por las mañanas, después de los rezos obligatorios en la capilla, fregaba cualquiera de los suelos del monolítico edificio con una fregona vieja; por la tarde nos ponían a las internas a coser manteles y servilletas de tela sentadas en pupitres dispuestos en una sala grande, en cuatro filas idénticas, vigiladas siempre por alguna de las hermanas, que no permitía el más mínimo comentario que nos distrajera de nuestra tarea. El único acto de esparcimiento con el que se nos premiaba era salir al patio del convento los sábados antes de la hora del almuerzo.

Un día cualquiera, una monja más mayor que sor María, me informó de que empezaría las clases en el colegio público del pueblo para el siguiente curso, porque era imposible incorporarme con el actual ya comenzado. Después me dio una falda de tablilla y una camisa y me dijo que la guardara, que aquel era mi uniforme para cuando acudiera al centro educativo. Me pareció muy extraño que nos uniformaran para ir a un colegio público en el que no había uniforme, pero ellas sabrían. En cualquier caso, a mí me daba igual, le dije, ya que el próximo sábado hacía quince días que estaba allí y mi madre iba a venir a recogerme. La monja me miró y me dijo que volviera a mis labores.

El jueves antes del sábado

A mí coser se me daba mal. No me extrañaría que fuera la residente que elaboraba los puntos más desastrosos y deformes de todo el internado. Y eso que yo, al ser de las aprendices, solo debía adornar la pieza con el punto de bordado más sencillo para que las mayores les bordaran las filigranas. Bordar me aburría hasta el extremo. Me aburría todo allí: me dormía rezando, fregar me causaba sopor y me cansaban las monjas, pero, sin duda alguna, lo que más tedioso se me hacía era bordar. Constantemente me asaltaban a la cabeza mil cosas que hacer con toda esa tela y esas agujas mucho más entretenidas que bordar. Una hoguera, por ejemplo. El caso es que aquel día recordé un video musical que había visto en las televisiones que exhibían en el escaparate de El Corte Inglés del Duque, en el que un hombre con una melena rizada que le cubría toda la cara y con un sombrero de copa, tocaba la guitarra en un concierto ante decenas de miles de personas. Aquel guitarrista me hipnotizaba, aunque no oyera que estaba tocando. Entonces, aprovechando que la monja había salido un momento, decidí imitarlo y simulando tener una guitarra eléctrica en mis manos, corrí de arriba a abajo entre las filas de pupitres ante las miradas aterradas de mis compañeras.

—¡Rocío, estate quieta, que te van a ver!

—¡Pues que me vean!

Respondía yo, inconsciente. El concierto acabó de manera repentina y contundente, como cuando se aplasta una mosca de una palmada, al sentir la fuerza sobrehumana de una garra poderosa sujetarme por el moño con el que nos hacían peinarnos a todas y zarandearme como a un muñeco de trapo. La propietaria de la garra de acero era sor María, la cual, con la furia en la mirada, me arrastró hasta el despacho de la madre superiora sin soltarme el moño. Llegué a creer que me lo arrancaba.

Yo, sentada ante el gigantesco desprecio de la mirada de la madre superiora y resistiendo como podía el dolor de mi cuero cabelludo, solo era capaz de hacerme una pregunta: «¿cómo había sido capaz mi madre de dejarme allí?

El sábado

Como era sábado, las hermanas nos permitieron ver la luz del sol durante una hora. Yo había recogido mi ropa y llevaba a la espalda mi mochila con mis escasas pertenencias. Me senté en un poyete y me dispuse a esperar, mi madre llegaría en cualquier momento. De vez en cuando, alguna de las niñas mayores pasaba por mi lado, me miraba y se reía un poco de mí. A otras solo les inspiraba lástima, pero yo, terca, no iba a permitir que aquello me desanimara. La hora de comer llegó y todas, a excepción de mí, pasaron al comedor. Una monja me gritó desde el otro lado del patio.

—Rocío, a comer, ¡vamos! ¿Es que no te has enterado?

—Yo no voy. Yo me quedo aquí.

—¿Qué?

—Sí. Va a venir mi madre a recogerme hoy. Yo la espero aquí.

—Tu madre no va a venir, Rocío. Como no vengas, te quedas sin comer, ¿eh?

—¿Y tú qué sabes? Sí va a venir. Me lo dijo. Sor María lo sabe. Ya verás como viene.

La hermana no me contestó, solo se dio la vuelta y desapareció.

Pasaron las horas y yo no me levantaba. De vez en cuando alguna monja venía y me preguntaba si me había dado cuenta ya de que mi madre no iba a aparecer, pero yo no les hacía caso. De estar impaciente cuando comenzó la espera, pasé a estar furiosa por la tarde, para acabar, ya en la hora de la cena, a estar triste. Poco a poco, como un gas por debajo de una puerta, se me fue colando en el pecho la certeza de que mamá no iba a venir. Por primera vez en mi vida sentí que me había fallado. Se había deshecho de mí.

La noche era muy estrellada en aquel pueblo. Se distinguía con claridad la Vía Láctea. Yo, derrotada por la evidencia, contemplaba el níveo reguero, cuando sor María me dijo que había llegado la hora de acostarse. Me puse de pie y la seguí hasta la cama, donde me tumbé dejando fijos los ojos en el techo. Fue entonces cuando empecé a llorar y ya no paré durante los seis días siguientes. Lloraba rezando, bordando, fregando y comiendo. Lloraba antes de dormir y después de despertarme. Las demás niñas me miraban con comprensión, y las monjas lo hacían con cierta satisfacción. Supongo que ellas deberían pensar que tanto llanto me estaba curando de alguna u otra forma. Yo no me sentía en absoluto curada. Un día, como se acaba el tiempo en un reloj de arena, el llanto cesó y, aunque había dejado su marca en mi cara para siempre, pude retomar mi vida con la deseada normalidad de un autómata. Rezar, fregar y bordar.

Mayo

Transcurrieron tres semanas hasta que la madre superiora me hizo llamar para que acudiera a su despacho. Aquella estancia, como todas, se limpiaba y fregaba a conciencia todos los días, pero nunca olía a limpio, sino a rancia disciplina. La madre superiora estaba sentada en su silla de madera y, a su vera, de pie, sor María.

—Rocío —empezó diciendo la de mayor rango—, esta tarde va a venir tu madre en el horario de visitas.

—Pero solo a verte un rato, tenlo en cuenta —apostilló sor María.

Ambas guardaron silencio mientras sopesaban mi reacción. Yo no hice nada. Solo las miraba. Escuchaba sus palabras, pero sentía como si no estuvieran hablando conmigo, solo podía pensar en que había dejado a medias mis labores de bordado. Me esforcé, entonces, en centrarme en ellas para poder contestar.

—Vale —dije.

—Rocío —retomó la superiora—, debes saber que tu madre no es buena. No es una buena madre. Sé que no querrás escucharlo, pero tienes que asumirlo. Estar a su lado solo te llevará a la desgracia más absoluta.

Yo me mantuve callada. Intentaba comprender por qué me estaba diciendo aquello. Sor María cogió el testigo.

—Lo que está queriendo decirte es que, si tu madre te dice que vuelvas con ella, no tienes que hacerle caso. Intentará convencerte para llevarte con ella, pero tú no debes escucharla.

—¿Volver con ella? —dije.

—Creemos que es lo que va a intentar. Pero debes ser fuerte.

—¿Por qué no puedo volver con ella? —pregunté con ingenua sinceridad.

—Porque ella es peligrosa. Es mala para ti —me respondió sor María.

—Ella no es mala —reproché. Yo tenía la cabeza hecha un lío. Estaba muy confusa. Necesitaba un faro que me ayudase a salir de aquella niebla espesa en la que me vi envuelta. La luz llegó en forma de la voz de la madre superiora.

—Niña —dijo con cierta dulzura—, si vuelves con tu madre ella te va a tratar tan mal que un día te separarán de ella y no volverás a verla nunca. Haznos caso, solo queremos lo mejor para ti. No dejes que el demonio te tiente. Quédate con nosotras y todo saldrá bien.

—¿El demonio?

—El mismísimo Satanás —me aseveró la madre superiora.

—Sí, señora —dije medio susurrando.

A las cinco de la tarde, me sacaron de la capilla donde rezaba. Mi madre había llegado. Me llevaron hasta la entrada del edificio, que era un pasillo largo con dependencias a sus lados. Al fondo de este, estaba mamá. Yo me acerqué a ella sin correr, con cautela. Ella se agachó y abrió los brazos para darme un abrazo. Sentí el impulso de correr y echarme a su cuello, pero entonces vi algo extraño. De su cabeza sobresalían a cada lado sendos cuernos rojos y, fijándome mejor, pude ver cómo una cola larga acabada en punta de flecha había atravesado sus vaqueros. Sin embargo, no fueron los cuernos y el rabo lo que más me asustó. Fueron tanto sus enormes colmillos que asomaban babeantes de su labio inferior, como sus ojos, completamente negros, iguales a los de un tiburón asesino. El monstruo me habló con una voz salida del último de los infiernos.

—¡Chati, mi niña, dame un abrazo!

Yo grité aterrada y corrí en dirección contraria lo más rápido que pude, hasta llegar a las faldas de sor María, donde me aferré con fuerza buscando protección. Tenía los ojos cerrados, pero por más que lo intentase, no podía huir de oír cómo el demonio no dejaba de llamarme.

—Rocío, ¿qué te pasa? Que soy yo. Que soy tu madre, ¿Rocío? Ven, por favor. Abrázame.

Con la cabeza escondida en los hábitos de sor María, escuché los pasos grotescos de mi madre acercarse a nosotras. Cuando llegó donde estábamos, lo primero que sentí fue una mano en mi cabeza. Para mi sorpresa, no era una garra, sino una mano cálida y cariñosa. Abrí los ojos y ya no había monstruo, sino que allí estaba mamá. Guapísima, como siempre. Yo me solté, entonces, de los hábitos de la monja y me pegué a mi madre, que no le quitaba el ojo de encima a sor María.

—¿Se puede saber qué coño le habéis hecho a mi niña que no quiere ni abrazarme?

—Manoli, por favor, tranquilízate. No le hemos dicho nada, son cosas normales en los niños que…

—¡Y un carajo, normales! Que no soy gilipollas. La habéis puesto en mi contra.

—Eso no es así, Manoli. Y te agradecería que no usases esas palabras aquí, que allí hay una capilla donde están rezando y…

—¡Me suda el coño la puta capilla! —gritó. La monja no dijo nada. ¿Qué podía decir?—. Nos vamos de aquí ahora mismo.

Y ese fue el último minuto que estuve interna en el colegio de las Hermanas de la Cruz de Villanueva del Río y Minas.

En el autobús de vuelta, yo le pregunté por Susi y me dijo que estaba bien, después apoyé la cabeza en su regazo para dormir un poco. Antes de cerrar los ojos, contemplé a mi madre mirar por la ventana absorta en sus pensamientos. Parecía intranquila, como si se arrepintiese de lo que acababa de hacer.

CAPÍTULO 19

Aún mayo del 93

Cuando llegamos a la madriguera que era nuestro piso, acababa de anochecer, pero aún no habían encendido las farolas. A pesar de las tinieblas, sí me percaté de que de la puerta abierta del piso de mi tía Ángela salió un yonqui anónimo que no había visto nunca. Le pregunté a mi madre y, esquivándome un poco, me respondió que los titos se habían mudado con los primos a otro portal, cuatro números más abajo. Primero me alegré de que no se hubieran marchado a otro barrio, ya que los había echado de menos, pero después no le encontré sentido a cambiarse de una casa a otra de la misma calle. Cuando se lo pregunté a mi madre, esta me despachó con un tajante «Ay, yo qué sé».

Me quedé con la mosca detrás de la oreja, pero antes de que pudiera indagar más en el asunto, un sonido extraño nos distrajo a todas, o sea, a mamá, a Susi y a mí misma. Una cadencia rítmica y tumultuosa, un griterío ordenado que sonaba lejano en un principio y que se fue sintiendo cada vez más cerca nuestra, hasta llegar al portal desvencijado de Arrayán 32. Se trataba de una manifestación vecinal. Cientos de vecinos se juntaron para intentar ser escuchados y corear cánticos de indignación.

—¿Eso qué es, mamá?

—No lo sé —me respondió mientras se asomaba a la ventana.

Teníamos a la turba detenida justo frente nuestro portal. Esta estaba compuesta mayormente por nuestros vecinos y, ahora sí, pude escuchar de manera nítida la proclama principal que vociferaban: «¡Aquí se vende droga, aquí se vende droga!».

Algunos enarbolaban rudimentarias pancartas de cartón en las que se leían lemas como «Fuera drogas de la Macarena», o «Queremos un barrio tranquilo». Mi madre, encaramada a los barrotes del ventanal, no salía de su asombro.

—Anda, mira, pero si está ahí la Paqui —se quejaba—. Qué poca vergüenza, ¡si esa viene a comprarme todos los viernes y, ahora, mira! Ahí gritando que parece que se le va a reventar la vena de la frente… Ojú, ojú… ¡Y mira, ese! No sé cómo se llama, pero también compra. Y aquel, otro que también baila…

—Pero a ellos, ¿qué más les da?

—Eso digo yo.

Al verse con la fuerza que da la posesión de la razón, se apartó de la ventana y salió al portal decidida a plantarle cara a la turba.

—¡Anda, fuera de nuestra casa! Que aquí no nos metemos con nadie —dijo en un tono no demasiado conciliador.

—¡Aquí se vende droga, aquí se vende droga! —seguía gritando la manifestación.

—Aquí no pintáis nada. Lo que tenéis que hacer es ir a la casa de los políticos. Esa gente sí que roba, no nosotros.

—¡Aquí se vende droga, aquí se vende droga…!

—Pues mejor vender que robar, ¿no? Como hacen los políticos, ellos sí se lo llevan calentito… allí es donde deberías estar, en el ayuntamiento.

En ese momento salió al portal otra vecina que yo no conocía aún, ya que debió haberse instalado en el bloque mientras yo estaba con las Hermanas de la Cruz. Era la matriarca de un clan que también se dedicaba a la venta de heroína y cocaína. Habían ocupado el piso de al lado de la que era la casa de mi tía Angela. En realidad, se habían apropiado de la que fue su vivienda también. A ella parecía divertirle la situación y empezó a hacer burlas a la protesta vecinal levantando las manos con los índices hacia arriba mientras coreaba al mismo tiempo que los manifestantes.

—¡Aquí se venden pollas, aquí se venden pollas!

Y empezaba a reírse a carcajada limpia con la misma tonalidad que la bruja de un cuento. Dos niñas de su familia, acompañadas de un perro un poco más grande que la Susi, salieron después a reírse de la ocurrencia de la abuela. Mi perra algo debió olisquear en el ambiente, porque salió disparada de nuestro bajo para encontrarse con el vecino canino y, antes de que pudiera darme cuenta, él la estaba montando. Estaba claro que se conocían de antes. Mi ausencia había dado para mucho. Y para rematar la escena, hizo aparición por allí un equipo de televisión de las noticias de Canal Sur. La unidad estaba compuesta de un operario de cámara con su máquina al hombro, y de una intrépida reportera, micrófono en mano, con aires de corresponsal de guerra. Y ahora sí, ya estaba el tinglado completo: la manifestación, mi madre diciendo que la culpa es del gobierno, la gitana riéndose, diciendo barbaridades, los perros dándose amor sin pudor ninguno y la televisión contándolo en directo para que Andalucía no perdiera detalle. Hogar, dulce hogar. Cuando mi madre renunció a intentar convencer a las masas y volvió adentro, le pedí:

—Mamá, está la tele ahí fuera.

—Ya la he visto.

—Yo quiero salir en la tele.

—Pues ahí no salgas.

—Pero es que les quiero decir que me graben.

—¡Anda ya! ¿Tú quieres salir en la tele? Pues ya te llevaré a *Gente con chispa*, pero ahí, ni se te ocurra.

Y se metió en su dormitorio, dando por concluida la conversación. A los pocos minutos salió de su cuarto con una jeringuilla cargada. Como si yo no estuviera, se sentó en el sofá, se hizo un torniquete a la altura del bíceps con una gomilla del pelo, y se afanó en buscarse la vena. Se picó allí mismo. La había visto fumar plata en muchas ocasiones, pero nunca pincharse. Al poco entró Susi, se acurrucó a mi lado y también se quedó dormida.

Primavera/verano de 1.993.

Tardé semanas en acostumbrarme a la devastación a la que el edificio había sido sometido en mi ausencia. Montañas de basura en las esquinas, puertas rotas, cartones en las ventanas, olor nauseabundo... incluso yonquis dormidos, en el mejor de los casos, en los escalones comunitarios. Había estado fuera unos meses, pero daba la impresión de que habían pasado siglos. Todos los males, que antes se intuían, se habían hecho evidentes de manera estruendosa. El bloque había sido ocupado en su totalidad por traficantes, con lo que cada vivienda era o un punto de venta o un punto de consumo. En consonancia con la degradación del inmueble, estaba la del estado físico y emocional de mi madre. Convertida en un palillo, podían pasar días sin que nos viéramos. Ella estaba en casa para chutarse y poco más. La Susi y yo todo el día en la calle dando tumbos, ante las miradas de los vecinos del barrio que, cada vez que nos veían pasar, murmuraban con desazón «Mírala... ahí va la niña de la Manoli. Qué pena, por Dios». Ya ni siquiera mi tío Antonio le seguía los pasos a su hermana. De hecho, su compañía más habitual era la de su amiga, y ahora su compañera, Mayka. Por mi parte, no fueron pocas las ocasiones en las que yo daba gracias al cielo por tener a mi Susi conmigo. La bendita perra podía estar pasando toda el hambre del mundo que jamás dejó de cuidarme. Nunca se negó a que, en las noches de soledad, que eran todas, yo la abrazase para notar algo de calor vivo junto a mi cuerpo. Si existe un cielo de los perros, deben tener allí una estatua de mi Susi.

A mi madre yo no podía exigirle que me cuidara porque apenas era capaz de ocuparse de ella misma. Los problemas y los conflictos varios se convirtieron en un habitual de su día a día, de tal manera que, si no acabó en un callejón mal iluminado con la hoja de una navaja entre las costillas, solo fue porque no le tocaba.

Una noche

Susi y yo acabábamos de llegar a casa, cuando mi madre entró por sorpresa detrás nuestra. Cerró la puerta con llave, y pálida de terror me hizo señas con el dedo para que no hablase. Al poco, unos golpes en la puerta, acompañados de unas amenazas a voz en grito, turbaron el silencio nocturno.

—¡Abre la puerta, hija de puta! ¡O me das lo mío o te juro que te mato!

Mi madre me imploró protección con la mirada y me dijo:

—¡Ay, Rocío! Que me dio el dinero para una papelina y… yo la tenía en el bolsillo y, y, y… ahora no la encuentro… no la veo por ningún lado… Que la he perdido… o, o, o… o yo qué sé… ¡Ay! Que este me mata… este está loco.

Mientras iba diciendo aquello, se vaciaba los bolsillos en la mesita baja de cristal, que era prácticamente el único mueble del piso, a excepción de las camas.

—¡Que me la des! ¡O te parto en dos, Manoli! —Los golpes en la puerta eran más violentos ahora, y a estos se les sumaba el quejido de las bisagras.

—¡No la tengo, Rafael, te lo juro por Dios!

—¡Que te mato!

Mi madre empezó a quitarse la ropa delante de mí y se buscó en todos los orificios de su cuerpo. Al no encontrar la papelina puso los brazos en cruz y me preguntó a mí si yo la veía. Yo hice todo lo que pude por encontrarla. No quería que la bestia descontrolada que había tras la puerta nos matase a todas, pero no había ninguna papelina pegada al cuerpo de mi madre. Entonces la puerta cayó con estrépito tras una fuerte patada e irrumpió aquel hombre babeando como una fiera rabiosa y con un hacha de bombero en la mano. Nosotras nos acurrucamos presas del pánico en una esquina del mísero salón, haciéndonos un ovillo. Nos apretamos tanto que entre las tres no llenábamos una caja de zapatos. El hombre registró la casa sin mirarnos, tirando todo lo que encontraba a su paso, pero no halló botín alguno. Cuando desistió, se paró frente a nosotras y nos miró jadeante, mientras se debatía si merecía la pena matarnos a hachazos o no. Levantó el hacha y, gritando como un vikingo, la dejó caer con fuerza sobre la mesita de cristal convirtiéndola en mil añicos, y se marchó, rompiendo los retrovisores de los coches aparcados con los que se cruzaba.

Otra noche

En esta ocasión, aunque la que empuñaba el arma fuese mi madre, no puedo decir que pasara menos miedo. En aquellos días, mamá se recuperaba de una neumonía severa que la tenía sin salir de casa, ataviada únicamente con un albornoz blanco, a pesar de ser incipientes los calores de junio. Puede que no esté bien, pero yo me alegraba de tenerla cerca. Disfrutaba mucho cuidándola lo mejor que sabía, haciéndole arroz hervido y ayudándole a preparar las papelinas para quien quisiera comprar. Una tarde, a uno de los clientes de mi madre que salía de nuestro piso con su dosis recién adquirida en el bolsillo, le atracó uno de los miembros del clan que vivía ahora en el piso de mi tía Ángela y el de al lado. Era uno de los hermanos de la Charo, jefa del clan. Apenas tendría diecisiete años, pero ser un inconsciente no le daba derecho a saltarse los códigos no escritos que existen entre los camellos. El cliente víctima, con un mono encima enorme, volvió a entrar muy alterado en nuestro bajo.

—¡Manoli, Manoli!

—¿Qué te ha pasado, Diego?

—Que me han chirlado.

—¿Cómo?

—Que me han chirlado, Manoli. Ha sido el hermano de la Charo.

—¿Cuál?

—Creo que el chico. Me ha sacado una navaja y me ha dicho que o le daba lo que tuviera en los bolsillos o me rajaba.

—¡Hijo de puta!

—Y ahora, yo, ¿qué hago? Yo tengo un monazo…

—Espera, que esto lo soluciono yo ahora mismo.

Mamá salió con su albornoz blanco y sus babuchas en busca del atracador, al que encontró sentado en la escalera, salivando con su botín aún en la mano. Al ver a mi madre, se lo guardó en el bolsillo y se le encaró. Yo iba detrás de ella. No quería dejarla sola.

—Tú, devuélvele eso ahora mismo al Diego, que se lo has chirlado.

—¡Vete a tomar por culo!

—¡Que me lo des ahora mismo, cabronazo!

—¡Que me dejes!

—¡Un carajo te voy a dejar! Dámelo ahora mismo, hijo de la gran puta. O te asesino ahora mismo, te enteras.

Ambos siguieron con esas, hasta que la Charo escuchó los gritos en el patio y bajó a defender a su hermano.

—Manoli, vete al carajo, anda —le dijo a mi madre.

—Que me da igual quién venga, que esa papelina se la ha chirlado a un cliente mío y me la va a devolver.

—O si no, ¿qué?

—O si no lo mato, me cago en mi puta calavera.

Dos segundos fue lo que tardó el rellano de la escalera en verse repleto por los componentes del clan de la Charo.

Unas quince personas, incluidas la abuela y las dos niñas. Mi madre no bajaba el tono de voz, pero tampoco se daba cuenta de que íbamos retrocediendo poco a poco hasta que su espalda tocó nuestra puerta. Los gitanos ahora habían pasado a la ofensiva. Decían que habían escuchado a mi madre llamar hijo de puta al niño, y eso era una ofensa hacia la matriarca que no podían tolerar. Entonces, mi madre entró corriendo para salir al medio segundo con un cuchillo grande de carnicero en la mano, que blandía hacia los miembros del clan. Yo lo estaba viviendo todo, presa del pánico, desde detrás de la pierna de mi madre aferrada fuertemente a su albornoz blanco.

—Venga, a ver quién es el primero en venir a por mí —amenazó—. Vosotros me matareis a mí, pero a uno por lo menos me llevo yo por delante.

Los gitanos miraban a mi madre en el silencio tenso que augura el olor de la sangre. Estoy convencida de que, si en ese momento hubiera explotado un globo cerca o alguien hubiera estornudado, todos se habrían abalanzado sobre nosotras sin pensárselo, como si tuvieran un resorte. Afortunadamente, en un momento dado, la Charo se dio la vuelta y se volvió escaleras arriba hacia su piso. El resto del clan la siguió, no sin antes echarle una mirada amenazante a mi madre, que no bajó el cuchillo hasta que el último de sus rivales desapareció por la puerta de su piso. Entonces fue mi madre la que se metió en el suyo donde, por cierto, la víctima del atraco ya no estaba.

Sin embargo, yo, antes de abandonar el patio de vecinos, no pude dejar de fijarme en que Susi no me seguía, sino que permanecía inmóvil sentada en el suelo, mirando fijamente hacia arriba, hacia la escalera. Cuando levanté la vista, vi al perro de ellos sentado de igual forma y devolviéndole con nostalgia la mirada. Eran dos perros atrapados en un romance imposible, con sus respectivas familias enfrentadas. Lo bueno es que, a diferencia de Romeo y Julieta, el amor de ellos fue el que consiguió limar las asperezas entre mi madre y el clan de la Charo, ya que, a las pocas semanas de aquel incidente, Susi parió los cachorros de aquel perro, obligando a ambas familias a entenderse para repartir los perritos para ser vendidos en el mercado de animales de los domingos en la Alfalfa porque, al fin y al cabo, ahora eran medio familia. Como dije antes, una estatua de bronce en el cielo de los perros.

CAPÍTULO 20

Verano u otoño de 1.993, qué más da

Para mi madre la vida se había despojado de los minutos, los segundos y las horas. La única medida de tiempo con la que contaba eran los colocones, los ciegos, los morados, los viajes, los pelotazos, o como se les quiera llamar. Yo tampoco les concedía ninguna relevancia a las agujas del reloj, ya que solo diferenciaba entre el día y de noche. Además, ninguna de esas variantes del movimiento de rotación de la Tierra suponía para mí nada más allá que la cantidad de luz que hubiera en la calle. Tal vez esto transmita cierta sensación de libertad, pero nada más lejos de la realidad, ya que yo no hacía nada cuando quería, sino cuando tenía. Comía cuando tenía comida y dormía cuando tenía sueño. Exactamente igual que mi perra y que todas las perras del mundo.

Aquel estado salvaje en el que yo me desenvolvía se cobraba, de vez en cuando, sus víctimas. Me metía muy a menudo en peleas y, si no las encontraba, las provocaba. Esa era la razón por la que los niños del barrio, movidos por el más básico instinto de autoconservación, me evitaban.

Una tarde

Pedir perdón a estas alturas carece de sentido, pero dedicar un especial recuerdo no. En este caso dirigido a

Zuleima, una niña de mi edad que vivía en nuestro mismo bloque. Su madre, Fátima, había hecho buenas migas con mi madre, hasta el punto de dar la sensación de que mamá le estaba agradecida por algo. Imagino que por este motivo le regaló, a mis espaldas, uno de los cachorros de la Susi para su hija. Yo no sabía nada de que mi madre tuviera tal intención y estaba segura de que si aquella bolita parda y peluda no había sido vendida en la Alfalfa era porque su destino estaba ligado a mí. Por eso, tras no localizarla en su camita de trapos, salir preocupada a buscarla y verla siendo acunada por Zuleima en la puerta de su casa, exploté como un volcán rabioso. Subí la escalera a toda velocidad y, sin mediar palabra, solo gritos salvajes, la agarré con las dos manos de su larga cabellera negra y rizada y tiré de ella con todas mis fuerzas. Inútiles eran los intentos de Zuleima para zafarse de mí, ya que yo no estaba sola. Tiraban conmigo las monjas de los internados y la mismísima sor Ángela de la Cruz; tiraba conmigo el hambre, el Félix del bar, Nieves del ultramarinos y todos los vecinos que alguna vez me habían dado algún cuidado; no faltaba el de la tienda de fotos que no quiso ponerme en su escaparate; la Cayetana con su abrigo de pieles; también estaba toda mi familia, desde mis tíos Antonio y Enrique, hasta mis abuelos y mi hermano José; las vacas, la niña rubia del hospital y su abuelo, Mayka y el señor Andrés. Tiraba conmigo la sombra de mi madre ausente y más fuerte que todos juntos, la maldita heroína que consumía el aliento y la carne de los yonquis de la Macarena. Eran tantos los que tirábamos del pelo de la pobre Zuleima, tal la furia que gastábamos, que ni me daba cuenta de que su madre estaba a su vez tirando de mí en un fatuo intento de que soltara a su hija.

—¡Que la mata, que la mata! —decía.

Por fortuna para Zuleima, mi madre se encontraba aquella mañana dedicada a vender papelinas en la esquina y tenía que entrar de vez en cuando a casa a por más mercancía, así que, en una de estas, alertada por los gritos de Fátima, subió a socorrer a su amiga. Al llegar donde estábamos, solo tuvo que agarrarme con suavidad, pero con firmeza, las muñecas y mis manos se soltaron solas. Fátima cogió en brazos a su hija mientras comprobaba que no tenía mayores daños. Mi madre le pedía disculpas avergonzada, al mismo tiempo que me abroncaba y me decía que qué coño estaba haciendo, y que el cachorro no lo había robado Zuleima, sino que se lo había dado ella. Intuyo que me dijo más cosas, pero no soy capaz de recordarlas porque en aquel instante en mi cabeza solo retumbaba un zumbido grave. Sí sé que nos fuimos, que mi madre continuó vendiendo caballo aquella tarde y que tanto Zuleima como su madre nos retiraron la palabra. El cachorro se lo quedaron.

Pasó la noche

La ventaja de vivir en una montaña rusa es que no tienes tiempo para recrearte en el vértigo de la curva, porque justo después aparece una peor. Aquello fue lo que sucedió cuando al día siguiente vi a mi madre sujetando por el hombro a su amiga Mayka, a la que había rescatado al encontrarla tambaleándose por la calle San Luis.

—¿Qué le ha pasado? ¿Dónde vais? —me interesé.

—A casa —me respondió mamá. Yo las seguí.

Una vez en nuestro bajo, mamá cerró la ventana y Mayka, a la que habíamos dejado en el sofá, rompió a llorar. Me di cuenta entonces del moretón que le obligaba a cerrar el ojo izquierdo y de lo tremendamente hinchada que tenía la cara. Mi madre se sentó a su lado, la abrazó un rato y, cuando consiguió que se tranquilizara un poco, le habló.

—Ea, ea… ¿Cómo estás, mi niña?

—Bien, bien… —dijo Mayka entre sollozos—. Ya bien…

—Bien jodida, ¿no?

—Eso.

—Ha sido el cabrón del Julián otra vez, ¿verdad?

—El de siempre.

—Qué hijo de la gran puta.

—Pero esta vez se ha pasado...

—¿Esta vez?

—Sí. —Se sonó la nariz haciendo un gesto de dolor al apretarla—. Es que... las dos últimas veces no me pagó...

—¿Que no te pagó?

—No. La primera vez fue el martes, que le hice un francés, y me dijo que me lo pagaría al día siguiente.

—Y era mentira, ¿o qué?

—Y tan mentira. Al día siguiente me dijo que estaba pendiente de un dinero que le iban a dar, pero que todavía no lo tenía. Entonces, yo no sé cómo, si porque estaba ciega o algo, me convenció para hacerle un completo.

—¿Y tampoco te lo pagó?

—No.

—¡Ay, Mayka, hija! Yo no sé por qué te dejas tanto.

—Yo qué sé, tía, yo qué sé...

—Pues córtale el grifo ya.

—Pues esa es la cosa... Que hoy ha venido otra vez, y yo le he dicho que no le dejaba y... y... y... —Mayka rompió a llorar de nuevo. Estuvo un buen rato sin ser capaz de pronunciar una sílaba.

—¿Y qué? Que te pegó, ¿no? —Mayka asintió con la cabeza, que era lo único con lo que podía contestar—. Pero... ¿Ya está? —Ahora negó—. ¿Entonces te...? —Volvió a asentir...

—Me obligó... y... y...

—¡Que el cabronazo te dio una paliza y después te violó!

—Sí...

Mi madre entonces volvió a abrazarla mientras le acariciaba la cabeza. Cuando se calmó de nuevo, preparó un chute y lo compartió con ella. Al inyectarse, Mayka respiró aliviada profundamente y dejó de llorar, al tiempo que se echaba para atrás en el sofá. Mi madre también se reclinó, pero no cerró los ojos, sino que permaneció con la mirada fija en el techo, maquinando. Después de un rato de darle vueltas a la cabeza, con una fría calma, pronunció su resolución muy lentamente:

—Vamos a ver, Mayka. Mañana lo vas a llamar tú y le vas a decir que si quiere hacer un trío. Le dices que vas a ir a verlo con una amiga y que nos vamos a montar una fiesta los tres. Tú le dices eso. Mañana voy yo contigo y lo dejamos solucionado. Ese hijo de puta no vuelve a ponerte un dedo encima. Ni a ti ni a nadie, de eso me encargo yo...

Y entonces sí, dicho aquello, se quedó dormida en el sofá con el diablo negro recorriéndole las venas y las ideas.

Al día siguiente no pasó nada, pero al otro sí

Muy temprano por la mañana, mi madre y Mayka nos despertaron a Susi y a mí entrando a casa muy nerviosas y, mientras Mayka se asomaba al portón que daba a la calle para asegurarse de que nadie las seguía, mi madre se afanaba en desenvolver de un trapo un cuchillo enorme de carnicero, meterlo debajo del grifo del fregadero y frotarlo con energía tiñendo de rojo el agua antes de que se escabullese por el fregadero. En aquel momento no estaba colocada y cada movimiento que hacía parecía estar dotado de una eficaz profesionalidad. Cuando el arma estuvo limpia, salió al portal para reunirse con Mayka e intercambió unas palabras con ella, que asintió y se fue. Mi madre entonces volvió a entrar y cogió de la mesa de la cocina, la única mesa que quedaba en el piso, una bolsa blanca de plástico que también había traído consigo, pero en la que yo no me había fijado por estar pendiente de la sangre del cuchillo. La bolsa parecía tener dentro algo blando no demasiado pesado. Era como las bolsas en las que el carnicero del mercado de la calle Feria me echaba las patas de gallina para el arroz. Mi madre la cogió y, de espaldas a mí, volcó su contenido en un plato que metió en el frigorífico sin que yo pudiera darme cuenta de qué es lo que era. Se guardó después la bolsa arrugada en un bolsillo y enfiló el camino hacia la puerta sin dirigirme la palabra. Solo cuando ya estaba a punto de salir echó una mirada al interior del piso y, entonces, se percató de mi presencia. Me observó durante unos segundos algo contrariada y pude notar cómo estaba dudando si contarme lo que estaba ocurriendo o no. Finalmente se despidió con un «adiós, Chati» y abandonó la vivienda dejándonos a Susi, a mí y al misterioso platillo blanco del frigorífico a solas. Ni que decir tiene que lo primero que hice cuando se marchó fue abrir la nevera. Había gotas de sangre por el suelo y la mesa. En el platillo vi, bañado por un pequeño charco coagulado, lo que parecía un trozo de carne arrugada y con piel. Saqué el plato del frigorífico y tuve que cuidarme para que Susi no se comiera el contenido. Yo tenía mis sospechas de qué era aquello, pero necesitaba una segunda opinión. Fui corriendo al portal donde ahora vivían mis primos Antonio y Ángela y llamé al timbre. Aunque la tía Ángela se extrañara de que yo estuviera ahí tan temprano, me dijo que mi prima estaba ya despierta. Antoñito no. Hablé con ella y le insistí tanto que al final conseguí que se viniera a mi casa con la promesa de que iba enseñarle una cosa que la iba a impresionar. Cuando llegamos, saqué del frigorífico el platillo y lo puse encima de la mesa de la cocina para que Ángela lo viera. Lo examinó de cerca, con la misma mirada que utiliza un cirujano cuando extirpa un tumor y, tras sacar sus conclusiones, me dijo con cautela.

—Sabes qué es esto, ¿no?

—Son unos cojones —respondí.

—¡Sí!

—¡Qué fuerte!

—Qué fuerte y qué asco. ¿No te da asco?

—Sí, un poco.

—A mí mucho.

—Sí, a mí también. Mucho.

—¿Y cómo ha llegado eso ahí?

Le conté lo que había pasado y ella no salía de su asombro. Yo ya había visto antes unos testículos en revistas de mi madre o en películas porno, pero nunca al natural y, sobre todo, despojadas del portador. En un momento dado, mi prima me dijo que se iba a su casa. No le gustaba estar allí con «eso», pero yo vi que más que por la repugnancia que le producía el escroto, lo que le ocurría era que le había cogido miedo a mi madre. Por eso se fue.

Al rato apareció mamá y, sin decir nada, sacó el platillo del frigorífico, lo puso en el suelo y llamó a la perra, que sin ningún tipo de remilgo engulló el contenido lamiendo incluso la sangre del plato. Tras el banquete no pudo evitar quedarse dormida para hacer la digestión con tranquilidad. Me alegré de que al menos ella hubiese disfrutado de la situación. Nadie volvió a mencionar el tema.

23 de diciembre de 1.993

Era de noche. Mi tía Ángela y mi tío Antonio me recogieron de la calle. Me estaba quedando dormida en un banco, no porque no pudiera entrar en mi casa, sino porque me dio sueño allí. Me quedé en su casa un par de días, hasta que una mañana en la que aún estábamos acostadas, llamaron a la puerta. En la casa solo estábamos mi tía y yo. Mis primos habían ido al colegio y mi tío cualquiera sabe. Abrió mi tía la puerta y vio a dos hombres, ni muy jóvenes ni muy viejos. Uno rubio y otro moreno. Iban muy bien vestidos y sonreían con empalagosa amabilidad.

—Buenos días, señora —dijo el rubio.

—Buenos días —saludó mi tía.

—Mi nombre es Alberto y él es Joaquín. Venimos de asuntos sociales de la Junta de Andalucía.

—Vienen por la niña de mi cuñada, ¿no?

—Venimos buscando a Rocío Niebla.

—La niña de mi cuñada.

—¿Está aquí?

—Sí —dijo mi tía con un suspiro.

—¿Podemos entrar?

—¿Qué? Ah, sí, sí… Claro. Pasen, pasen…

Permanecieron un rato hablando en su pequeño salón, sentados alrededor de una mesa de café en la que no se les sirvió nada. De vez en cuando sacaban unos papeles que mi tía hacía como que revisaba porque, aunque sabía leer, los documentos oficiales eran inaccesibles para ella. Al rato aparecieron en la habitación donde yo dormía, aunque en aquel momento permanecía sentada en la cama, expectante. Los tres adultos me miraron. Las odiosas sonrisas de los dos hombres nada tenían que ver con el rostro compungido de mi tía.

—Rocío —dijo mi tía—, estos dos hombres vienen de asuntos sociales.

—Hola —dijeron al unísono.

—¿Y qué quieren?

El rubio se agachó, me cogió una mano entre las suyas y me enseñó los ojos más azules que yo había visto en mi vida.

—Rocío, te tienes que venir con nosotros.

—¿Me tengo que ir?

—Sí. Así no puedes seguir.

—Pero si yo estoy bien —dije con tristeza.

—No lo estás. Y creo que lo sabes.

—¿Y mamá?

—Tranquila. Nos ocuparemos de ella.

A pesar de que aquella última frase me recordó a cuando mi madre me dijo que se ocuparía de Susi en mi ausencia, yo sabía que tenían razón. De repente me di cuenta de que, muy dentro de mí, la certeza de que aquel día llegaría siempre había estado ahí.

196

—¿Cuándo? —pregunté intentando mostrar entereza.

—Ahora.

—¿Ahora?

El rubio asintió y se puso de nuevo en pie. Le dijo a mi tía que no hacía falta que llevara nada. Allí me darían ropa y todo lo que pudiera necesitar. De todas formas, yo insistí mucho en que quería pasar por mi casa a coger una chaqueta a la que le tenía mucho cariño. Consintieron mi petición tras hablarlo aparte entre ellos, y yo salí corriendo en dirección Arrayán 32 sin darles oportunidad a que se arrepintieran. No existía tal chaqueta, mi única motivación era despedirme de mamá. Ella estaba y no estaba en casa. Su cuerpo permanecía acostado en su cama vestido de calle y peinado con una larga trenza culminada por un pasador azul en forma de sombrerito victoriano, pero su mente volaba por otros mundos. Traté de despertarla.

—¡Mamá, mamá! Despierta, por favor. Me tengo que ir. ¡Mamá! Abre los ojos. Ya no me vas a ver más, venga, abre los ojos y mírame.

Pero permanecieron cerrados. Sabía que vivía porque respiraba y estaba caliente, pero no existía reacción alguna que permitiera afirmar tal cosa. Yo, resignada, le acaricié la cabeza y se la acomodé en la almohada. Incluso drogada la veía hermosa. Olvidándome del mundo le di un beso repleto de amor infinito en la mejilla y me despedí de ella. Aquella fue la última vez que vi a mi madre.

Antes de abandonar aquel bajo destartalado, tenía que despedirme de Susi. La encontré sentada frente a la puerta, esperándome. La abracé con fuerza, le pedí que cuidara de mi madre y le di las gracias por tanto. Ella me deseó suerte y me lamió la cara.

Tres años después

Desde hace algo más de un año vivo con una familia de

acogida, me acaban de informar de que mi madre falleció el mes pasado en el Hospital de San Lázaro, en Pino Montano, de sida. Trato con todas mis fuerzas de identificar la diferencia entre mi nueva orfandad y cómo me he sentido siempre. Tal vez este sea el motivo por el que los recuerdos se me agolpan en la cabeza obligándome a intentar dotarlos de sentido. Necesito poder escuchar la sinfonía completa de la niña que fui, la que pude ser, la que soy y la mujer que seré.

Soy la niña de la Manoli.

FIN

Epílogo

Una macabra casualidad quiso que allí, en el Hospital de San Lázaro, pasando por el mismo trance que Manoli Niebla, que se encontrara Rafael el Chino. Aquel novio que tuvo al que Rocío le mandó una carta para advertirle de que su madre estaba con el tal Juanma. Cuando Rocío se enteró de aquel reencuentro sintió calma. Fue como cerrar un asunto pendiente.

El día en el que el tiempo deja de importar

Manoli estaba exhausta en aquella camilla del Hospital de San Lázaro. Sabía con certeza que su próximo aliento sería el último y decidió asumirlo con toda la calma de la que fue capaz. Cerró los ojos.

Los abrió de nuevo y comprobó que se encontraba en la misma camilla, con la diferencia de que ya no estaba cansada ni dolorida. Muy al contrario, se sentía mejor que nunca. Giró la cabeza y, a su lado, pegado a ella, vio a Rafael. Se miraron ambos y se sonrieron. Su aspecto no era el de los últimos años, sino que se veían saludables y lozanos, relumbrantes. Mantuvieron la expresión relajada y feliz mientras se acariciaban las mejillas sonrosadas y, entonces, ella dijo:

—Por fin.

—Sí. Por fin.

Se sentaron en la cama y se levantaron con un pequeño saltito. Fue gratificante poder sostenerse de nuevo sobre sus pies. Como si fuesen un primer amor, se cogieron de la mano y salieron de la habitación. Comenzaron a pasear su fantasmal presencia por el largo pasillo del hospital teniendo muy claro hacia dónde se dirigían. A los pocos segundos la emoción fue tal que empezaron a correr como dos chiquillos jugando en la calle. Se cruzaban con enfermeros, médicos y bedeles, que no se percataban de su presencia. De vez en cuando a alguien le recorría un súbito escalofrío, al que ya estaba acostumbrado por trabajar donde trabajaba. Algunos pacientes sí que eran capaces de verlos en su carrera y los miraban con cierta envidia. Manoli y Rafael les saludaban y sonreían. Continuaron corriendo lo más rápido que pudieron, sin sentir cansancio en ninguna de sus formas. Corrieron con toda su esencia. Corrieron sintiéndose libres. Entonces, al llegar al final del pasillo, saltaron por la ventana sin abrirla y se vieron siendo pura energía en la infinita y maravillosa complejidad del cosmos.